爱与尊重——与孩子共同成长

学习障碍

逃不出的学习噩梦

王意中 著

中国科学技术出版社

·北 京·

图书在版编目（CIP）数据

学习障碍：逃不出的学习噩梦 / 王意中著 . —— 北京：
中国科学技术出版社，2023.3
（爱与尊重：与孩子共同成长）
ISBN 978-7-5236-0055-9

Ⅰ. ①学⋯　Ⅱ. ①王⋯　Ⅲ. ①学习障碍—研究
Ⅳ. ① G442

中国国家版本馆 CIP 数据核字（2023）第 036151 号

著作权合同登记号：01-2022-7062

策划编辑	符晓静　白　珺
责任编辑	白　珺
封面设计	红杉林文化
正文设计	中文天地
责任校对	焦　宁
责任印制	徐　飞

出　　版	中国科学技术出版社
发　　行	中国科学技术出版社有限公司发行部
地　　址	北京市海淀区中关村南大街16号
邮　　编	100081
发行电话	010-62173865
传　　真	010-62173081
网　　址	http://www.cspbooks.com.cn

开　　本	880mm×1230mm　1/32
字　　数	133千字
印　　张	6.625
版　　次	2023年3月第1版
印　　次	2023年3月第1次印刷
印　　刷	北京荣泰印刷有限公司
书　　号	ISBN 978-7-5236-0055-9 / G·1003
定　　价	48.00元

我为学习障碍写一本书

走进学习障碍孩子的内心世界

我知道自己是个非常敏感的人，也很清楚在人生中，最忌讳被引爆的大地雷就是被误解，一次触碰就足够让我的内心伤痕累累。所以，实在不敢想象长年以来，反反复复、始终处于被误解状态的学习障碍①孩子，那如同经历一场又一场无情战火的内心废墟，该如何承受。

我不敢想，却又不能不直视。

是到走进这群孩子内心世界的时候了。

---

① 学习障碍，统称神经心理功能异常而显现出注意、记忆、理解、知觉、知觉动作、推理等能力有问题，导致在听、说、读、写或算等学习上有显著困难；其障碍并非因感官、智能、情绪等障碍因素或文化刺激不足、教学不当等环境因素所直接造成的结果。

对不起，这本书来晚了。从这本书开始，我们该让学习障碍孩子合理地被看见与被对待。

写这本书的用意，是希望它能成为一本"桥梁书"，将长期以来在教室的角落里、人群中、分数下，被冷落、被误解、被忽略与被不合理对待的学习障碍孩子，通过写实的描述手法，触及他们隐而不为人知的感受。

通过浅显易懂的方式，让父母与老师明白，孩子的身心特质与学习历程究竟是怎么回事。避免艰涩、复杂的专业词汇形成阅读的高墙，造成阅读上的理解障碍，进而错过帮助孩子的黄金时机。

从理解"异质性"开始

学习障碍孩子的异质性很大，包括阅读障碍、书写障碍与数学障碍。在细腻地了解这群孩子之后，让我们摆脱对孩子的偏见，避免不合理的期待，对孩子产生不必要的误解与要求。

我们没有合理地关照与对待这些孩子，在遭受无尽的扭曲、误解及长期学业低成就的情况下，孩子很容易陷入委屈、沮丧、无助、焦虑、忧郁、绝望、逃避、拒绝、放弃、低自尊、低自信及自我伤害等状态，使得问题更加复杂，情况每况愈下。

父母与老师很容易混淆"学习障碍""学习动机低落"与"学业低成就"三者之间的关系。另外有些类型孩子的情况，容易与学习障碍混淆或出现共病，我在书中将做详细说明。

书中，你将发现许多写实的画面与身旁的孩子似曾相识，而有所共鸣。这些案例都经过特别的处理。

"神经心理功能"的困扰，造成学习障碍

在超过 3000 场次的演讲中，最难以诠释的就是学习障碍，而我常在想现场的听众（主要是老师们），他们的需求是什么。

对于这群孩子来说，选择适合他们的学习策略，比如调整、修正输入（例如阅读）与输出（例如书写），会是降低压力的关键。但是这一点很容易与教学一线老师相冲突。别的不说，工作量增加，就会让老师望而却步。

很现实地，教学现场的老师已经很忙了，假如我告诉老师"你们应该额外再怎么做……"，大概会让老师想翻白眼吧，觉得这位心理师实在太不贴心，也太不切实际。

其实，如果父母与老师在心态上愿意改变，至少相信这些孩子并不是故意的，他们确实是在"神经心理功能"上有不为人知的困扰，就能重新看待这群孩子的学习方式，进而做一些小小的改变。

一本书的力量或许微弱，很容易消失在茫茫书海中，但我相信当你翻开书阅读，这本书的力量就会逐渐增强。有更多人看见，就有机会让这群孩子多一些被了解的可能，这是我的小小奢望及期待。

目 录
CONTENTS

第一章

被误解的学习障碍

逃不出"重复擦掉"的噩梦
——谁愿意重写、重写、又重写

学习障碍孩子的困境

【之一】

擦掉，继续擦掉……擦了好多次，整个本子都擦破了。重写，再重写……但每次写出来的字都不一样。志铭也不知哪个字才是正确的，反正这些字都不符合老师的答案。

重写再擦掉，擦掉又重写……

每天反复做着同样的事，没完没了。

实在不想再写了！志铭焦头烂额，望着桌上一张又一张涂涂改改的作业和考卷，觉得好像永远没有写完的那一天。

为了完成这些，他挑灯夜战，甚至半夜睡醒了继续写，或是晨起赶工，猛打呵欠；到了学校，早自习时间得补抄，或者下课时，留在教室里涂涂改改。可是，写不完就是写不完。就算在放学之后被老师留下来，或是到课后班，依然写不完。

志铭花了许多时间，一直改，一直改。好一点的情况是照着抄同学的作业，他才可以稍微轻松一点。

不过，即使是一笔一画地描着写，速度依然很慢、很慢。

虽然老师勉为其难地接受他照着抄，班上的同学们却很有意见，强烈地反对。

"老师，为什么志铭不能自己写？为什么他可以抄？"

没有人喜欢重写，也没有人喜欢把自己写好的字擦掉。然而现实就是志铭没有办法像其他人那么容易地说写字就写字，而且写得正确。

"书写障碍"如同一种隐性障碍，旁人尽管知道他老是写错字，却不容易发现真正的原因。

"不要再叫我重写！不要再叫我擦掉了！"

志铭愤怒又激动地把整张考卷揉掉，反正不管再怎么写、再怎么改，最后就是无法符合大人的期待。

这是一场噩梦，没完没了的噩梦。他多想按下暂停键，让这个世界停止转动。

【之二】

"南清，你写字的笔顺怎么那么怪？老师不是教过你吗？笔画得按照规矩来，不能乱写一通。给我擦掉，重写。"

"可是老师，我这个字写对了呀。为什么要重写？"南清又被老师纠正，不解地反问。

"我不是告诉你了，你的笔顺不对。"

"可是我写对了呀。"

老师被激起火气。"你还跟我争辩。每个字都有它书写的笔画顺序，不然老师花时间教你们笔画、笔顺干什么？给我擦掉，重写！"

南清皱着眉头，略显不悦。"可是我这样写比较快呀！"

"我是老师！你还在那儿啰里啰唆，现在马上给我改掉。"老师的一只脚已经误踩到南清的情绪地雷，却不自知。

南清隐忍着激动，不断在心中自我提醒："不能生气，不能生气，南清不能生气。"

虽然心不甘、情不愿，南清仍勉为其难地拿起橡皮把字擦掉，接着拿起笔，不管老师如何要求，继续以自己认定的笔顺写着。

"陈南清，你到底听没听见——"

"啊……！啊……！——"

南清失控了，歇斯底里地大叫，随手将桌面上的作业、铅笔和橡皮挥到地上，并用力推倒桌子。

"啊……啊……啊……啊……啊……啊……"

南清如此激烈的情绪反应，让老师愣住了。

●

父母与老师，请别再夹击孩子了。

你无法想象，要让有书写障碍的孩子从脑中提取出文字，有多么困难。他们不像其他孩子轻易便能写出正确的字。

有书写障碍的孩子所面临的难处是：无法顺利提取、顺利输出，许多错误便因此一而再，再而三地重复发生。

理解、陪伴与协助学习障碍孩子

厘清书写错误的细节

试着找出孩子错误与正确的答题形式。观察他书写输出所呈现的状况，到底是怎么回事。

例如，是上下颠倒、左右相反、部首错误、多字、漏字，或是笔画不对、笔顺不对等。这些，都代表孩子在书写上提取困难。

以"仿写"与"默写"鉴别

先让孩子进行仿写，观察他在仿写的过程中，是否一笔一笔地，看一次、抄一次，照着描绘。

另外再观察换成默写时，孩子是否就无法正确写出来。

如果在仿写的过程中，孩子会漏笔画，默写时的错误率也高，那么责骂或其他的处罚方式是没有作用的。

除了书写，尝试其他的替代方法

暂时不执着于书写，让孩子通过其他替代方式输出，例如打字，或者口头说出来，并同时进一步观察他回应的正确率是否比书写高。

先让孩子有机会将他懂得的答案说出来。不急着马上要求他正确地书写与表达，而是以他"能够顺利完成输出"为首要原则。

请再次提醒自己：孩子不是不认真，也不是笨，而是在书写输出上，与其他同龄孩子比，实在不理想。

别让孩子成为折损的花朵

你可能有疑问："这孩子还是个小学生，当然要练习写字。怎么可能完全不动笔写？那以后面对考试、工作，怎么办？"

我不否定孩子需要练习写字，但更积极的做法是让孩子对于输出（无论是口说、写字或打字），绝对要有自信。而最终目的是他能够采取适合自己的输出方式，清楚地表达内心的想法与感受或他所知道的答案。

请善待孩子，让他有喘息的机会。别强迫孩子一直在自己的弱势能力中挣扎。这种很难脱困的打击，没人受得了。

强迫、激将的方式，只会使孩子越来越受挫，就像折损的花朵一样。

别再执着于笔顺

老师的立意良善，希望孩子通过学习正确笔顺，提高写字的速度及正确率。

不过，值得我们思考与讨论的一点是：假设孩子明明写对了，是否仍然有必要坚持照着笔顺写？

孩子书写的笔画顺序，虽然与老师的要求或所谓的标准不尽相同，但如果他以自己的方式书写，能够写得快、正确率高、书写的成就感高，同时也愿意写，那为什么还要执着于笔顺？

有时，我们太过耗费心力在这些细枝末节上。过度强调写字的笔顺，反而容易让孩子将注意力停留在书写顺序上，造成写字卡顿、不顺畅，对于书写产生排斥、反感与挫折感。

若我们太执着于希望孩子怎么做，在一般孩子身上或许影响不大，但是对于有书写障碍的孩子，却很容易成为他们在输出过程中不必要的巨大绊脚石。

最不乐见的是，孩子写字笔顺不符合老师的要求时，要被处罚一写再写。

让我们再度回到文字符号的角色与作用，把它当作一种"沟通的工具"。只要能够通过文字符号清楚地传达出想法及感受，那就让孩子以他自己的笔顺写字吧。

隐藏的"自卑感"令人窒息
——不敢告诉别人"我看不懂字"

学习障碍孩子的困境

【之一】

每当被诗莉嘲笑看不懂考试题目时，小盟都急切地否认自己有问题，大声反驳："我当然看得懂。谁看不懂？你才看不懂！"

他无法忍受诗莉的讥讽，觉得非常丢脸。不过，虽然大声反击回去，他却心虚地知道，自己是真的看不懂……

这是不能说的秘密。

"我只是不想写而已！我就是对读书没兴趣！人生又不是只有读书一件事。像你除了会读书，还会干吗？"

诗莉回击："你就是在找借口。看不懂就承认嘛。"

两人常常你一言、我一语地像死对头般斗嘴，小盟被激得恼羞成怒，浑身不舒服，但又不甘示弱。更重要的是，他必须极力隐藏这个秘密。

尽管看不懂字，却得装懂，不能让别人知道自己看不懂文

字，否则多丢脸啊。

【之二】

考卷发下来了，同学们开始读题作答。但面对考卷，小盟只能装作在读题目、认真写答案。

天晓得考卷上写了什么。幸好前一天晚上，他想到一个小技巧——他事先背了一些答案，那些答案和题目有没有关系不是重点，重要的是遇到空格时，他有"答案"能填进去。虽然隔了一个晚上，字的模样模糊许多，但至少写了，可以让老师觉得自己是认真作答的。至于结果如何，他不敢想。

他只能以这种方法充数，用最笨的方式，强迫自己死记。

必须守住"读不懂字"这个秘密，绝对不能让别人知道。

因为不懂那些字的意思，他只好把字的模样背下来，复制、贴上。这必须靠记忆力。有些字在刚开始时稍微懂了，然而时间一久，又忘了。

无论如何，小盟绝对不会承认自己是真的不懂。"不懂"和"不想懂"是两回事。不想懂，决定权在自己；但是不懂，那就真的是不懂了，这让他有一种被比下去的感觉。

在班上，他常有这种不舒服的感觉。每当考试成绩公布，想都不用想，他一定是最后一名。

理解、陪伴与协助学习障碍孩子

减轻孩子藏在心里的羞愧感

让孩子了解每一种情绪都是非常自然的，这很真实，也不需要隐藏。

那份不懂装懂背后的羞愧感，是孩子心中很真实的感觉。

羞愧感会让人无地自容，觉得自己没有价值，换来一连串负面情绪，把自己逼到墙角。渐渐地，越来越看不到远方，空气越来越稀薄，弥漫着一股窒息感，让人难以呼吸。

羞愧感会让孩子感受到自己在班上无处容身。但我们不需要否定孩子的情绪，认为他不该有羞愧感。

对于学习障碍孩子，我们要做的是陪伴他们走过这段孤单、寂寞、彷徨、茫然的学习历程。这个过程不容易度过，对孩子而言如此，对父母又何尝容易。

但我们仍然要试着让孩子了解，虽然现在被卡在墙角，不过，或许转个弯，往另一个方向思考，前方就会呈现另一片宽广无垠的视野。

路有很多条、很多方向。当我们背对着墙角，向前展望，以一种全面的方式看待世界，将可跳出自己视野上的死角，避

免被局限在死胡同里苦苦煎熬。

当我们被困在天空之城里

韩剧《天空之城》（ *Sky Castle* ）是一部谈论韩国教育深受扭曲的神剧。该剧叙述了一群居住在聚集高社会经济地位居民的"天空之城"豪宅中的上流社会的父母，通过各种手段钩心斗角、尔虞我诈、明争暗斗、相互较劲、汲汲营营，期待孩子能考进首尔大学医学院，以学业表现、名校学历来彰显自己的身份地位，却忽略、压抑了孩子们的内心世界以及他们想要表达的想法与感受。

写下这段剧情，是期待通过这部戏剧所衍生出来的冲击，让我们大人时时提醒自己，面对学习障碍孩子的学业表现，我们需要合理地对待。

是期待？还是伤害？

面对孩子的教育、未来与人生，身为父母的我们到底该如何看待？我们所关注、念兹在兹的是什么？是学业成绩、未来成就？还是名利地位、荣华富贵？

我们赋予孩子许多期待，它们可能来自我们自己未竟之事，或是自我心中与他人的比较，或者出于自尊，受他人对自己的评价与看法所影响。

问问自己，我们在追逐什么？

当自己的狂妄、成就感建立在践踏别人的自尊，以摧毁他人的自信为乐之上时，如此偏执与扭曲，只会使当事人陷入迷惘而不清明的境地。钩心斗角，追逐私心与私利，所有的目光，只是为了超越眼前的目标，让人性处于极度扭曲的状态。

这一切，究竟是为了孩子的未来？还是自己未显露的虚荣？

父母果真会伤人？

自傲与自卑的界线，看似泾渭分明，实则虚实交错而模糊。出身的卑微、对于贫穷的抗拒及低端景况的窒息，孩子会如何看待这一切？当父母的心里生病了，他们的孩子将如何成长？

若父母在教育孩子上有明显的执念，想要完全掌控孩子的未来，将使孩子完全失去自我。孩子并非父母手中的棋子，更不是人生未竟之事的替代品。假如病态的亲子关系日复一日地延续，孩子的未来离毁灭将不远。

爱，错了方向？

为人父母的我们，是否爱错了方向、爱得太一厢情愿？是否这份亲子之爱已经变质，我们却不自知？

我们喜欢的孩子，到底是考上第一名、读明星学校，飞黄腾达、光宗耀祖的孩子？还是很单纯地就只是我们眼前的这个孩子？

我们是否因此漠视了孩子在成长过程中其他弥足珍贵的人生体验？

孩子不说的隐忧

孩子不说，不代表孩子没事。

最怕的就是孩子心里面有话，却无人可说，甚至是不敢对我们说。

这个"不敢"，告诉我们什么信息？

是我们根本不愿意倾听？还是在孩子的人生规划中，一切是父母说了算？

我们认为自己一切的安排都是为了孩子好，然而，我们实在需要仔细地思考：这么做，到底是为了自己？还是为了孩子？

每个父母都需要了解孩子的实际能力与需求。将孩子放对位置，发展他的长处。

孩子并不是爸妈的复制品

孩子为何常常想要迎合大人的期待？我们是否允许孩子有属于自己的想法？

当孩子过度在乎父母的反应及肯定，很可能在不知不觉中，失去肯定自我与探索自我的机会。

父母的想法可以作为孩子的参考，但不应该成为孩子的框架，限制孩子成长的任何可能性。父母所在乎的事，并不等同于孩子的需要。

成绩重不重要？或许它给了孩子多一些选择的机会，但孩子的人生不应该只是孤注一掷或目光如豆地仅仅盯住那金字塔的顶端。

人生，所为何事？世界何其大，许多人却目光狭隘地汲汲营营于权势、名利、地位与财富，空有外在的荣华富贵，内心世界渐渐变得贫瘠不堪。

我们必须自省，是否把孩子当成了目的、手段或手中象征虚荣的棋子。

我们该停下来，自我觉察对待孩子教育方式的适切性。

别再让学习障碍孩子被困在"地狱之窖"里。

"无所谓"是一种自我放弃
——内心伤痕累累，却无力修复

学习障碍孩子的困境

"我无所谓了。你们要怎么考，就怎么考吧。"

"不管我多努力准备，或者你们要怎么责骂、处罚，这一切，我都无所谓了。"

"其实不用考试，结果就已经出来了。不管是平时考、随堂考、期中考，还是期末考，结果都一样。无所谓，真的无所谓了。"

对于分数，欣苡早就没什么感觉了。

让我们想象一下，若一个人长期处于成绩不及格的低空状态，对这种末端的人生，孩子还能有什么样的感觉？

他们会开始告诉自己："别再强求""无所谓了"……

但是，就怕父母和老师不死心，继续要求这样的孩子"再努力一点"。

"你们不用再浪费时间在我的功课上，我很清楚自己的斤两。你们也不要太天真地期待我考试会及格，更别想什么班排前三、校排前五。这真是天大的笑话，不可能的！在我的世界里，永远不会有这种成绩。我看你们还是死心算了。"

欣苡自我放弃了。

是心死吧。这么多年来，她的心已被一次又一次的批评、挫折刺得遍体鳞伤。

不痛，因为心已经没感觉了。或许这是一种解脱？只要不再有任何自我期待，别人也不必在她身上浪费时间。

欣苡很清楚，自己根本达不到大人的期望值。但是爸妈依然不死心，不断打听着哪一家补习班、哪一位家教老师能让女儿的成绩走出谷底、往上攀升。

欣苡很想说："爸爸、妈妈、老师，你们别再白费力气了，就让一切停留在这种状态吧。在班上，总得有个人牺牲嘛。没有人在最底下，怎么可能有同学的成绩被往上垫高呢？"

理解、陪伴与协助学习障碍孩子

大人合理期待，孩子才不致自信崩盘

家长与老师们难免对孩子有所期待，但是在目标的设定上，我们必须考虑孩子"实际的身心特质及需求"。

过度的、不合理的期待，只会徒增孩子不必要的压力。

大人对于期待的设定很简单，尽管开口要求分数就好。然而，孩子若要满足与达到父母、老师的期待，却并不像说的那么容易。

身为大人的我们不是要放弃对孩子的期待，而是必须针对孩子的个别身心特质，重新调整并修正努力的目标与方向的"合理性"。

厘清孩子的关键障碍点

要厘清阅读障碍的情况，必须先分辨孩子的困难之处是在识字，还是在理解。也有些孩子身上同时存在这两个问题。

有的孩子对于文字的解读、辨识有障碍，在输入过程中，无法正确辨识文字，纵使花了许多时间想要认真阅读，可是在基本的声韵觉识（能够觉察、辨识每个词语都包含更小单位的语音结构的能力）方面出现问题，无法顺利辨识音节（由一个或几个音素所组成的语音单位，如 cat）、音素（最小的语音单位，如 /c/-/a/-/t/），更别提对于整段文章的理解程度。阅读走走停停，一知半解地似懂非懂，甚至因无法辨识而不知所以。

若是在输入方面有困难，那么要通过输出（提取）来写考卷与作业，达到大人要求的标准及期待，对孩子来说当然更困难。

请看见孩子很努力却使不上力的无奈

想象一下：当孩子像一栋已开始龟裂、倾斜的房子，眼看就快倒了，你是会想办法巩固与支撑他？抑或只是在一旁继续批评、责骂，用力地推他一把，让他就此倾斜、崩塌？

学习障碍孩子的自尊与自信岌岌可危。他们长久以来遭受挫折，被父母、老师、身旁同学的酸言酸语所侵蚀，这些孩子的自尊、自信满是空洞。

这种情况，没有人受得了，也没有人想一直承受。孩子的心真的好累，不知该如何再撑下去。

现实生活中，如果学习障碍孩子身边没有人愿意拉他一把，没有人愿意了解他，那他是何等的孤单、寂寞与委屈。那是我们无法想象的遍体鳞伤。

每一次考试、每一份作业，对孩子都犹如严刑拷打。

这些孩子不只身体累，心也倦了。然而，在分数至上的教室里，又有谁在乎他们心里的挫败感？

我们一味地要求孩子努力、更努力，却没看见他们那股使不上力的无奈。

不需同情，只要"同理"

学习障碍孩子需要的不是同情，而是身旁的人能够试着感受他那种"想要学却学不会"的痛苦，即使只懂得 1% 也好。

眼看同学们都表现得比自己好，他们钦羡同学们都能够自然地学习，也实在无法理解，为何这对自己来说却那么困难。

长期遭受误解折磨的学习障碍孩子是在硬撑，他们的内心世界痛苦又无奈。就像每天都在黑洞里懊恼、难过，没有人理解他们的内在感受。这样的日子实在是够了，太累人。

家有学习障碍孩子，大人也辛苦。若家长不得要领，不知道该从何种层面切入帮助孩子，长久下来不仅孩子累，父母也累了。

而在学校，你是这样的老师吗——愿意了解一个学习成绩长期不理想的孩子，他的困难之处到底是什么。你会想要理解他吗？如果你愿意，真的感谢你。

让孩子感受到"身旁有大人懂我"

如果父母与老师能够清楚地了解阅读障碍、书写障碍、数学障碍等学习障碍孩子的确切问题，并且合理地看待，至少有助于减少这些孩子被莫名取笑的状况，以减少他们内心不必要的压力。

我们可以更进一步地协助厘清孩子的认知学习历程，找出每个孩子的学习特质，并量身定做各自适合的学习方法。通过陪伴与支持，让学习障碍孩子感受到身旁有大人懂他，而非一味地批评他做不好。这对孩子来说非常重要。

每个孩子都有自己的优势能力，关键在于我们如何让这些能力被发掘、被看见，同时给予支持，而不是只丢出"会这些能力干吗"的酸话。

我们很容易把焦点摆在学业上。可是换个角度想，若每个孩子都只懂得语文、数学、英语、社会、自然等学科，那么在每个人之间也就缺少了辨识性。

不可否认，学科有其必要性与重要性，但绝对不是唯一的指标。成绩好，固然将来选择学校的机会相对较多，不过，为了避免只盲目地追求与大家相同的表现水平，我们必须停下来，认真地正视这一点：每个人都拥有自己独一无二的能力。

当我们能够开放地接受每个人的不一样，也就比较能够接纳孩子的各种特质。

想象一下：当你走进一片森林，面对环绕四周的树木，请你仔细地端详眼前这些看似一样、实则不同的每棵树。不需要比较，每一棵树都有各自的特性，重点在于我们如何欣赏眼前这些树。

面对孩子，也是一样。

"写了就忘"的不断折磨
——谁能理解书写障碍孩子的挣扎与矛盾

学习障碍孩子的困境

"考试都快结束了，你怎么还没动笔作答？"老师问俊浩。

安静的教室里，全班学生对着考卷奋笔疾书，老师巡视到俊浩的座位时，却发现他的答题纸上有一大片空白。

俊浩眼神空洞，茫然地望着老师，一言不发。

"你再不写，别怪我打零分。"

钟声响起，考试结束了。"同学们，把考卷由后往前收过来。"

老师再也无法忍受俊浩失魂般的反应，走到他旁边，用力将考卷扯过来。"你在搞什么鬼！回家不认真复习，竟然空这么多题没做。后果你自己负责！"

俊浩心想："我到底要负什么责任？我有什么办法？"

老师心里很无奈。该骂的骂了，该处罚的罚了，并且认真地督促俊浩订正，可是每次他交出来的考卷和作业，不是错字满篇，就是空白一片。

回到家里，爸妈也一筹莫展。他们送俊浩去课外班加强、请家教补课，老师们也觉得奇怪，为什么孩子在口头上的表现没什么问题，却没有办法顺利地书写？

有书写障碍的孩子，正是在文字的输出上明显有困难。

尽管一次又一次地练习书写，然而每当要默写时，依然连一个字也写不出来。即使通过仿写、仿抄，勉强交了作业，但是没过多久就忘了那些字该怎么写……文字与书写障碍孩子，实在是缘浅。

这种"写了就忘"的恶性循环，让俊浩痛苦得想放弃写字。

"我不想再写。别再叫我写字了！"每次要动笔前，就像有一块落石坍塌在眼前，让他动弹不得。

他只能对自己生气。"为什么我这么糟糕？就只是一些字而已，有那么难吗？别人都可以，我怎么这么差劲！"

俊浩捶着头，非常懊恼。他不怪别人，只怪自己：一定是自己不够认真、不够努力。

偏偏脑袋里有另外一个声音告诉自己："俊浩，饶过自己吧！你已经付出很多，你尽力了。你比别人花更多时间在功课上，很认真、很努力。可以了。"

心里的两个声音不断在拉扯，俊浩感到挣扎又矛盾，好累。其实无论如何天人交战，结局都一样：他就是不会写字。最多是让自己觉得比较好过。

时时刻刻如天塌下来般的写字压力，这种没完没了的折磨让俊浩快承受不住。

"到底该怎么办？到底该怎么办？到底该怎么办呢？"他无止境地自问自答，却没有答案浮现。

理解、陪伴与协助学习障碍孩子

欣赏孩子有不同的美好

你可以接受生命中有不同的事物。你想要看许多不同的风景，这些事物的多元化满足了你的好奇心。你心里的向往，也让眼前的事物变得更丰富。你想要四处多走、多看。

对待孩子，也请如此发挥好奇心，并且敞开心了解孩子的态度与动机，抛开批判和先入为主的刻板印象，摒弃不以为然的想法。

别再只注意孩子的缺点、局限性与弱点。

协助孩子重新建构"自我概念"

长年在学习上受挫，很容易让学习障碍孩子产生强烈的自我否定与习得无助感，对于自尊、自信和自我的印象变得模糊、扭曲。我们需要重新建构孩子合理且完整的自我概念。

自我概念的组成，不单纯来自孩子的学业。试着让孩子了解，他的外表、能力、兴趣，他所认识的朋友、自己及别人对自我的评价等，都是形成自我概念的重要内涵。引导孩子一起针对自我概念的成分，进行不同权重的加权以及排列组合，以较为周到与全面的观点看待自己，而避免把学业成绩视为最重要或唯一的成分。

带领一般学生了解学习障碍同学

一般的孩子，需要正视自己是如何对待身边有特殊需求的同学的。

在班上，老师可以做个签筒，签上写的是各种不同身心特质孩子的诊断名称，如阿斯伯格综合征、学习障碍、注意缺陷多动障碍、妥瑞氏综合征或选择性缄默症等。让同学们抽签，接着想象自己就是手中那支签所写的当事人，并针对这些诊断（如学习障碍）进行自我陈述。

孩子可能会反映："老师，我不知道要说什么。""老师，我不会演。""老师，我不懂学习障碍是什么意思。"

这些回应，显示孩子们并不了解身旁有特殊需求的同学。但也正因为不了解，而不应该嘲笑和批评，否则只是显现自己的无知。

也因为不了解，我们才更需要花时间试着感受，愿意试着认识他——这是我长期以来的小小期许。

当同学们对于学习障碍孩子冷嘲热讽时，请严肃地问他们："这有什么好笑的？你们在笑什么？"

孩子们必须学会觉察在评论和解释周遭人、事、物时，自己的起心动念及用意到底是什么。同时也必须觉察自己的不当言语可能给他人带来内心不可逆的伤害，以及自己必须承担的后果。

让一般学生亲身体会学习障碍同学的难处

这些隐性的，亦即从行为、外表上不容易辨识的学习障碍孩子，在学习过程中，到底遭遇了怎样的困难？

请班上同学做一项练习：拿出一张纸，上面写有满满的文字，快速地闪过孩子眼前，随后让孩子试着把这些字写下来。

学生们会告诉你："老师，我想不起来。""老师，我想再看一次！""闪得那么快，我怎么知道上面写了什么。"

道理就在于此：由于想不起来，所以无法提取。学习障碍孩子所体会的，就是与此相同的经历。

大人如何看待，决定了孩子的视角

没有人是相同的。我要再次强调：大人如何看待学习障碍孩子，我们所培养、教导出来的班上同学，就会如何看待他。

当你对身旁的学习障碍孩子会心一笑，其他同学自然也耳濡目染。若你选择鄙视而绕路走开，班上同学也会马上复制，避之唯恐不及。

我们怎么做，孩子就怎么学。我们的心有多开放，也影响了孩子的心能有多宽容。这个世界之所以美好，正是因为存在着许多"不同"。

不同，没有所谓的绝对好坏。

接受不同、看见彼此的有限，我们更能够感受到世界上各种美好的存在。

让孩子思考："你怎么看自己？"

有一首童谣是这样唱的："大头大头，下雨不愁，人家有伞，我有大头。"只不过，自己一旦突然变成大头，就实在头大。

当发现自己跟别人不一样，烦恼也随之而来。主要是他人的异样眼光让自己感到浑身不自在。但，不一样，又怎样？

我们很容易把没见过的事物当成异样，却没有发觉自己只把目光放在特定事物上，并且赋予它负面的解读。

不一样，让这个世界产生许多变化。不一样，让我们看见这世界的丰富多彩。不一样，让我们敞开心胸，接纳各种不同的声音。

在此分享绘本《不一样，也很棒》（*Le Prof à la grosse tête*），有助于引导学习障碍孩子发现自己也可以很棒。

生命会找到自己的出路

在电影《侏罗纪公园》（*Jurassic Park*，1993 年）中，有一句经典台词："生命会找到自己的出路。"（Life will find its way out.）这个信念，很适合传递给学习障碍孩子。看似鸡汤的一句话，却拥抱一线希望与光亮，这是身为人最基本的向往。特别是孩子生命中的重要他人——父母与老师，需要对他有信心。

"活在这个世界上，到底有什么用？别人都做得到，为什么偏偏就只有我没办法？"孩子心灰意懒，留下长长泪痕，心里很无奈，却又不能如何。

其实，万事万物都有其局限性，大自然也一样。狗能在地上跑、地上跳、水里游，但是要在天上飞就不可能，也没有必要。

孩子必须要调整想法，接受"每个人都有自己的局限性"，并且有合理的认知，才不致出现过于负面的批评、指责。

重点是，我们如何协助孩子学习"合理地思考"。

我们可以先让孩子列出各种解释的方式，就像刷油漆一样，一道又一道地层层叠加上去。当想法又褪色，其他的灰色想法再度浮现，没关系，再让孩子脑力激荡地思考，再刷上不同的颜色。这个方法能帮助孩子了解，即使是同样一件事，也常常有不同的解释角度。

不同的解释与思考，会带来不同的心情和感受，但我们可以练习给自己比较合理的解释，善待自己，这是不变的道理。

有苦自己吞的"隐性"特殊生
——表面看不出的阅读障碍

学习障碍孩子的困境

"别开玩笑了,玉玲怎么会有学习障碍问题呢?"导师有些不以为然,"她在班里的表现虽不拔尖,但成绩算是中上。为什么要强调她有什么样的障碍?现在的父母实在太会帮孩子争取福利了。如果玉玲有障碍,那班里分数落在她后面的同学,不就个个都有障碍?"

玉玲的母亲回应:"老师,玉玲真的有阅读上的困难。她每次在阅读时都很吃力,阅读速度确实很慢,而且大都是猜上下文的意思。"

"那也够厉害的。如果猜都能猜出这个分数,我实在很佩服她。"老师酸溜溜地说。

问题就在这里。女儿在文字解读上明明真的有困难,但她不知该如何说服老师。

"玉玲妈妈,不是我要说,你们怎么知道她有什么困难?连我这个教书教到快退休的老师都看不出来,难道你们比我还厉害?不要再帮孩子找一大堆理由。她的成绩已经算好的了。别再想要什么不劳而获的特殊权利，这对其他同学不公平。"

老师这么一说，玉玲的妈妈不知道该如何接下去。

其实，一开始听到玉玲说"字会跳来跳去"，他们夫妻俩也心存疑问。"哪有什么字跳来跳去？开玩笑，我就看不出什么叫作字在跳，还有什么字飘浮上来。"

身为父母的他们，最初也像老师一样，心想女儿怎么想得出这样的借口。可是后来想想，孩子实在没有理由，也没有必要这么讲。

她真的很努力。然而"阅读"对她来说，实在是很吃力。

理解、陪伴与协助学习障碍孩子

分析孩子考卷的"得分"与"失分"

请先将批评、指责与谩骂，统统按下删除键。因为这些无济于事，只会让孩子越来越讨厌学习，甚至产生逆反心理，与学习的距离更加遥远。

让我们一起好好地、仔细地解读孩子在考试和作业上的表现。先确定孩子表现好的是哪个科目，这样至少有助于让孩子深信自己在语文、数学、英语、社会或自然等特定科目上，有"相对理想"的表现。

再次提醒：这里的"相对"，是孩子与自己的各科表现相比较。或许孩子最理想的表现，与其他同学相比还是落后，但先不管别人。

举例来说，语文拿到 70 分，虽然在班里排名垫底，但不重要。只需要试着分析这 70 分的得分、扣分分别来自哪些题型。

分析得分与失分，有助于让我们更加了解孩子在输出、提取过程中的认知学习倾向。因为不同的题型，所要求的能力不尽相同。

例如阅读测验的题型，孩子的读题速度相对缓慢，在解析词汇、句型时，往往费时较长。好不容易把前面的题目看完了，读到后面，又忘了前面的内容，因而在这种题型上，无法拿到漂亮的分数。

对于这种题型，可以这么练习：试着先把整篇文章的范围缩小。假设本来有三段，要孩子先朗读一段，并观察孩子辨识字的程度，与"念名"（看到视觉刺激，从长期记忆中提取该词汇，并且说出来）的速度。

若孩子在朗读的过程中出现困难，表示他对于字的辨识与理解也很吃力。试着找到问题的核心，比如是否不容易朗读、辨识某些字。先将这些字抽出来，确认孩子是否能顺利地读出这几个字。

重点在于让孩子乐意"主动"接近

有些孩子是根据上下文的文章脉络，理解、猜测与掌握该段文章的意思。那么，到底需不需要把一个字完全读懂呢？

若能做到最好。但是，假如没有办法完全读懂，却能通过上下文了解文章内涵，又何尝不可？至少孩子愿意一步一步地接触，这也表示他有明显的学习动机。

没有人规定阅读一定要如何进行。重点在于孩子愿意主动接近原本非常排斥甚至自认为没有能力参加的学习活动。

只要愿意，都是好的开始。

我并不认为每件事都有非得怎么做不可的方式，而是要回归原点，思考"阅读的真正用意"。或许有人认为，有些字若孩子没有真正理解，可能导致会错意，但这总比孩子完全不想阅读好吧。

再次确认孩子是否在念名的速度上有困难。接着，一步一步地解析。

有一种情况是孩子能顺利地把字读出来，却不理解这些字是什么意思。这时，不妨试试另一种方式：把问题说出来（报读）。由我们发问，让孩子用"听"的方式进行输入，再判断他能否理解我们所提的问题并作答。

有的孩子能够读题，也能理解问题在问什么，却不一定知道答案，例如提取不出记忆。所以，请进一步厘清：视觉阅读理解与听觉理解，孩子在哪种能力上相对有优势。

学习障碍孩子的异质性非常大。有些孩子不只出现单一的读、写问题，而是有许多问题组合在一起。

谁说"特殊教育学生"是一种标签

这里,我想要好好地谈谈这一点:特殊教育学生的身份,是不是一种标签?

这样的标签到底是谁决定的?是孩子自己认定?父母认定?老师认定?周围同学认定?还是社会大众所认定?

如果这是一个卷标,那么,卷标上面写什么?所要传达的信息与意义,到底是什么?

例如让孩子以"学习障碍"或"注意缺陷多动障碍"取得特殊教育学生的资格,主要原因是当事人在学校的学习,需考虑他的身心特质,并且需要通过特殊教育协助。

若要获取这些特殊协助,必须经过一连串严谨的特殊教育身份资格鉴定。为了让有限的资源充分运用于有实际需求的学生身上,在鉴定的门槛上,的确需要把关与设限。

这种需求,就像有近视的人需要配戴眼镜进行矫正,或者是行动不方便的孩子,需要站立架、摆位椅或轮椅、无障碍空间协助学习或移动。

或许是因为近视的人太普遍,一般人很容易认为"近视"不是所谓的标签,因为许多人都有近视。

但我常想:为什么对于比较少数的群体,我们便很自然地视他们为"不一样"?不一样,又怎样?人与人之间,细究之下,谁又和谁一样?

每个人都有实际需要被协助的地方,只是每个人需要协助的地方不尽相同，需要的资源也不尽相同。

我们很难决定别人如何看待、解释孩子患有学习障碍的特殊教育学生身份。但是，当家长及周围的老师们合理地看待孩子的真正需求，以及所需安排的特教资源服务，就有机会慢慢地影响身边的其他人也合理看待，包括家人、兄弟姐妹或班上的同学，也包括孩子如何看待自己。

父母担心取得特殊教育学生的身份是一种标签。但其实旁人对孩子的负面刻板印象，看待孩子的情绪、行为、人际与学习表现的方式，更是无尽的挥之不去的标签。

特殊教育学生的身份是不是一种标签？在思考这一点的同时，请试着想象在这张标签纸上，你想要写下什么样的字词。

孩子需要的，绝对不是同情，不是怜悯，而是合理的理解和对待。

让我们好好赋予"特殊需求学生""特殊教育学生""学习障碍""情绪行为障碍""注意缺陷多动障碍"等特殊教育身份，合理与贴切的意义。

第二章

学习障碍带来的限制

无法言喻的困难
——逃脱不出困局，只好消极应对

学习障碍孩子的困境

"为什么还不打开课本？都上课多久了，你到底在干吗？"

对于老师的质问，阿辉连理都不理，因为不管老师怎么唠叨，他很清楚，就算把课本打开，也是浪费力气。反正不管他怎么读，都看不懂书上那些歪七扭八的字究竟是什么意思，与其花时间在这上面，把课本合起来还比较不费力。

老师不断地数落："你给我认真点！再这种态度，到时候成绩被判定为不及格，就不要怨人！"

"别人都可以，为什么我就不行？"

阿辉心里纳闷，摸不着头脑。为什么自己就是看不懂这些字？特别是他花了许多时间和心思，可是，看不懂就是看不懂！

"既然字不认识我，我也不认识它"，阿辉只好采取消极的方式应对。

阅读障碍学生除了被误解，还是被误解。没有人能了解在他们的脑中到底发生了什么事，以及他们的内心是如何波涛汹涌。这种有苦难言的感受，又有谁愿意了解？

理解、陪伴与协助学习障碍孩子

让孩子感觉到被善意对待

在传统教育里，文字阅读是孩子们主要的学习模式，然而，阅读障碍孩子在文字的辨识、认识、理解、分析、记忆与处理等方面，却是有困难的。

眼前这些符号似懂非懂，或是大部分的字认得出来，也读得出来，但是整个拼凑起来，对句子的意思就不知所云，完全弄不明白这些"符号"想要传达的意思。

就像面对满天星斗，看见很多星星，但是不知道这些星星到底叫什么名字，也抓不到星星，更无法了解它们的意思。

当孩子在文字辨识上出现困难，便需要通过其他方式，例如以听觉、影像或实际动手操作、体验的方式辅助。

许多老师习惯于既有的教学模式，要通过不同的教案、教材进行教学，或是改变与调整教学策略，在时间、心思与心力等方面，的确是额外的付出与负担。

不过，若我们在心态上能接受孩子需要另外一种学习渠道，相信对孩子来讲，就会感觉到被支持与接纳。

建议通过特殊教育老师（例如资源班老师），加上普通班老师与家长的配合，针对孩子的学习模式、输入方式，找出适合孩子的最佳输入形式，给予最适合他的方法。

请了解，孩子并不是故意的，他也不想让自己陷入学习困境。他多么羡慕、期待自己能够像其他人一样顺利地阅读，但现实却犹如缘木求鱼。

当孩子感觉到被善意地对待、被接纳与理解，心里会舒服许多。

每个孩子有不同的学习模式与历程

阅读障碍孩子就像独自落入深谷，迷路了，大声呐喊却没有任何人能听见。那种求助无门的沮丧、心灰意懒而想要放弃的念头，让这些孩子陷入黑暗的山洞，无人知晓。

就算向身边的大人求助、诉说困境，大人也一时无法理解孩子的问题，只看到不符合期待的结果。

其实，每个孩子各有不同的学习模式与历程，没有一颗脑袋是一模一样的。请尊重每个人在学习过程中的差异。

帮孩子捍卫应有的权利

学习障碍孩子的困境是，大人仅从表象解读学习动机，不断地对他们进行指责与批评，而这些不被理解甚至被误解的孩子，却没有能力反驳。

"我怎么反驳？成绩摊开就是那么难看。我拿不出证据来证明自己的努力。"

我们需要帮孩子捍卫应有的权利，并让周围的人聆听他们的声音。

没有人想要被误解，而且是长期地被误解。

"无助感"将纠缠孩子的整个人生

除了误解，加诸孩子身上的还有无尽的要求。

"你们对我的要求已经超出我的能力范围，很困难，我学不会。我一直无法攀越那道高墙，很无奈，但也很现实。周围的人不会管我，因为同学们早就翻越那座高墙，继续循着大人的期待，往该有的学业目标前进。"

学习障碍孩子就想躲在墙角哭泣，感到无力，也丧失翻越这堵墙的意愿，逐渐浮现无助感。

"算了，算了，算了。"

我们是否考虑过，如此的无助感，对孩子整个生命历程的影响是多么长远？

你我可能都是加害者，无尽地把不合理的要求重重加诸孩子，使他喘不过气来，在墙角奄奄一息。

别再成为加害者，饶过孩子吧

我们只是告诉孩子"你要再努力、再加油"，却忽略他其实已经花许多时间与心思在课业上。无奈的是，他真的有学习困难。

当孩子在阅读上有困难，想当然地，我们会多花时间改善他的阅读能力；有书写困难，就改善书写能力；若是有数学困难，就想办法提升数学能力……这样的期待是可以理解的。

不过，尽管每个人的障碍程度不尽相同，但是学习障碍孩子要提升读、写方面的能力，真的有难度。

我们必须换个方式思考，相信孩子能找到适合他的学习策略及方式，在学习上有所收获。

阅读障碍孩子很难告诉周围的人，自己的脑袋里到底发生了什么事。旁人也往往因为很难理解、无法想象，便直觉地认为都是因为没有把时间花在阅读上。"读不懂？那就花时间读啊！"说来容易，却与现实不符。

我们很容易忽略孩子的状况，对孩子产生误解，让孩子越来越受挫、退缩、排斥、反感与无奈。一旦被认定不认真、不努力，产生误解，孩子也自然会认为"自己就是那么糟糕"。如果再加上父母与老师的否定，更会加深孩子对自己的放弃，觉得"反正不管我怎么学，就是学不会"。

"习得无助感"很容易在这群孩子身上出现，最后对学习产

生明显的排斥。

孩子很想反驳、呐喊："不要再骂我了！我已经非常努力了。我还能怎么办？难道我想要如此吗？"

"为什么别人可以，我不行？"这是许多孩子心里面的纳闷。

责骂，只会引发反效果

我们不要只是一味地责骂孩子，应该试着了解问题的真正核心。

学习障碍孩子往往因为表现不符合大人的期待，而遭到责难。事实上，责骂不仅一点作用也没有，还会引发反效果。

对于孩子的学业低成就，为什么我们总习惯用责骂的方式处理？难道以为骂孩子，他的脑袋就会变灵通，马上能够解题？还是天真地认为孩子会因怕被骂，自然就发愤图强？

当然，绝对不会如此。

先天伴随学习障碍的孩子，在生理状态上是很难改变的。

"我没兴趣"这句话背后的真正含义

以数学为例，并不是每个人都有理想的数学表现。对我而言，数字运算比较容易，然而只要陷入图形、空间运算与判断，就相对困难。例如一旦遇到圆柱体、圆锥体或立体方块，我的脑袋就如同陷入迷宫，打结了。

很无奈的是从小学、初中至高中，都有数学这一科，想躲也躲不掉。理科学生进大学也会遇上数学。

有些孩子没有办法理解数学的相关概念与文字，如体积、容积、表面积、圆锥体、圆柱体等，或者无法理解四则运算的加、减、乘、除符号，而在加减运算的过程中出问题。

因此，当孩子说"我对数学没兴趣"时，除了没兴趣，我们也要思考他是否缺乏数学方面的能力。若具备某项科目的能力，自然比较容易产生兴趣。当孩子没兴趣再加上没能力，但又不得不做练习时，可以理解他有多么吃力。

这时，我们要抽丝剥茧地找出孩子的数学困难点。例如一份数学考卷，可以分析：

· 四则运算→观察答案的比例分配；若答对的较多，表示拿分相对容易。

· 填空题→需要背诵、记忆，考查的是记忆的提取能力。

· 连连看题型→除了读懂题目，还有猜题的运气。

· 应用题→得读懂题意，若阅读理解有困难则很难作答，被扣的分数就偏高。

一步步地抽丝剥茧，相信最终可以找到孩子的困难点。

仔细地解读每一张考卷、每一份作业中，孩子的应答状态，或许就有机会进一步厘清实际的学习情况，一步一步地解决问题。

降低考题难度，让孩子觉得"我也做得到"

为了提升孩子学习数学的兴趣及自信，比较贴心的老师偶尔会来个大放送，在小考中刻意降低试题的难度。例如单纯以四则运算出题，让原本数学落后的孩子有机会获得较好的成绩，也许八九十分，甚至拿到人生的第一桶金——100 分。

这个经历对孩子来说很重要。先让孩子有一种"我也有能力"的感觉，进而燃起他对该学科的学习热情。

宽容自己的不完美

学习障碍孩子很容易以偏概全，全盘地自我否定，而造成所有的学习都停摆，连带自尊、自信、学习动机与学习欲望也崩盘。

我们需要教孩子给自己一个"宽容值"，至少在面对弱点时，不至于完全否定自己。

"至少我在某方面也具备一定的能力"，以这样的观念打好基础，再让孩子慢慢地接受每个人都有其局限性与不完美的地方，你有、我有、他们也有，这很自然。

无能为力的挫折
——孤立无援，让人彻夜难眠

学习障碍孩子的困境

姝妤失眠了。她在床上翻来覆去，满脑子想着隔天起来，还是得重复听不懂、看不懂和写不出字的校园生活。想着想着就睡不着。

天亮了，她的精神很不好，而且不想上学。到学校能干吗？去了也只是被嘲笑，像个傻瓜似的坐在教室里发呆。

姝妤像这样失眠好一阵子了。她根本睡不着，一直在担心隔天早上把作业交出去时，老师的反应。

不交作业，只会被老师责骂："你怎么又没写作业？"

所以，她巴不得把作业藏起来，至少不会被老师和同学嘲笑："怎么这么笨，那么简单的作业都不会。连这几个简单的字都不会写。"

姝妤每次都找借口说："作业放在家里了，忘记带了。"

直到再也拖欠不下去了，她只好交出作业，一翻开，还是空着没写。

几次之后，老师明白姝妤是在撒谎，对她说："你不会写就说不会，别老是和我说写完了却放在家里。要是再这样，我马上请你爸妈把家里的作业拍照传给我。"

姝妤写字很慢，因为她记不住字的模样，很难下笔。

尽管想了又想，绞尽脑汁，但这些字就是没有办法顺利地浮现于脑海，并且让她写下来。

"我真的受不了，不想再写了！有谁可以救救我？"

有几次，姝妤把这句心里的呐喊说出来，但总是被爸妈堵回来。"你抱怨什么？自己不认真，还怪这怪那的。"

爸妈越这么讲，越让她感到在这世上孤立无援。

这一晚，姝妤又在床上翻来覆去，彻夜难眠。

理解、陪伴与协助学习障碍孩子

每当被要求重写，挫折感又增加了

有些字，我虽然常常使用，但因为太久没有用手写，尽管认得，却没有办法顺利写出来而常写错。例如推荐人的"荐"字，由于经常有出版社邀约推荐，以计算机或手机回复时，我会按照标准作业流程（SOP），将回复复制、粘贴，也就少了动笔书写的机会。

但我觉得没关系，"荐"这个字，看得懂就可以，因为前后分别有"推"和"人"这两个字。

然而,我们却不允许孩子这么做,总是在考卷和作业上,将错字圈起来,并要求重写。对于书写障碍孩子来说,每当被要求重写,挫折感便又会增加。

这些挫折感在内心里累积着,使他们越来越自我厌恶,恨自己太糟糕、太差劲,不断地自问:"别人都可以做得好,为什么我老是做不到?"

转换一下,走出死胡同

有些孩子,只能把"抱怨"当作情绪出口。明知抱怨没有办法解决问题,但就是忍不住,因为如果连这个出口都没有,实在不知道该怎么办。

这样的日子没完没了,过了今天,明天依然重复。犹如在黑夜里走进隧道,路途无尽漫长,永远看不到隧道尽头的那道光。走进这条隧道,等于走进死胡同,根本跨不出去,死路一条。

当学习障碍孩子呐喊"我真的不会写,也读不懂"时,不妨鼓励孩子,暂时抛下书本,做个深呼吸、伸伸懒腰,将眼前的挫折抛到一旁,出去走走吧。

转换一下,走出死胡同,先避免在原地绕圈圈。有时,"卡住"的感觉会让思绪一直跳不出来,使人越来越沮丧,学习成效也大打折扣。

先出门走一走吧!放松一下,让脑袋重新启动,再静下来想想自己在学习中遇到什么问题。

至于要走到什么样的程度，就以脑袋能再思考别的事情为原则。

从观看纪录片开始，引导孩子"说一说"

建议爸妈和老师让学习障碍、注意缺陷多动障碍、妥瑞氏综合征等孩子观看纪录片，了解当事人如何表达自己的障碍、特质与内在的感受，这样有助于孩子更深刻地了解及体会自己的特质。

如果孩子可以将自己有别于他人的特殊学习历程、脑中的情况，清清楚楚地描述出来，也能帮助父母与老师更了解他。

◎引导孩子"说一说"

先抛开诉说这些困扰时可能引发的羞愧感或罪恶感，让孩子试着了解每个人都有各自的局限性，这没有绝对的好或坏。关键在于我们如何找到克服这些局限性的方式，或者只是绕个路，选择别的方式替代。

例如，有的孩子说："我真的记不住这些字的符号。这些符号就像喝醉酒一样，到处摇摇晃晃。有时这些字的形状会变得立体、扭曲、变形或消失，有时又会到处飘浮、跳动。我不认得它，它也不认得我，但我没办法，常常得看到它们。可是看来看去，依然不清楚这些字的模样。"

有时，虽然能辨识或念得出来，却无法了解这些字是什么意思。非常建议大家引导孩子，大声说出自己在学习过程中的困难之处。

◎ 被了解、被认识与被接纳，是很难得的经历

要让孩子感受到这份了解、认识和接纳，需要花许多时间与心力。更重要的是，孩子自己必须有"想要知道"与"认识对方"的动机。

在许多纪录片中，可以看到一些儿童、青少年将亲身经历具体地描绘出来，包括自己的局限性与特质等。这也是为什么要让孩子看这些纪录片，我们可以借此帮助孩子渐渐明白：原来有人跟我一样；原来出现在我身上的问题，并不是只有我遇到，很多人都有这些困扰。

这样的想法，能带给孩子豁然开朗的心情：自己不是唯一如此的，不是单独面对这样的挫折，原来有一群相同经历的人共同面临困难。

这么做，不是在跟同温层相互取暖。而是至少在同样的位置上，大家能相互了解、支持，产生共鸣："我懂你、你了解我，原来在这一路上，我们并不孤单。"

无言以对的指责
——"多练习，就会了"是风凉话

学习障碍孩子的困境

"令颖，你能不能认真一点？补习班也上了，家教也请了，结果这种题目你还错，实在是不应该吧。"妈妈看到令颖的考卷，一把火就上来了。

"有什么办法？我就是记不住。我也想记住啊。谁不想？"

"理由一大堆。为什么记不住？多看几遍不就得了。"

"你讲得倒容易。烦死了，看到这些字我就头痛，真讨厌。不要一直强迫我记，要记，你们去记啊！烦死了，烦死了，烦死了！你们大人就只会在旁边数落。要是那么容易记，那你们自己来啊。"令颖把压抑在内心许久的怨气，噼里啪啦地一股脑地说了出来。

"反正你就是不认真！"

听到妈妈这么说，令颖情绪激动。

"我最讨厌听到你们讲反正、反正、反正。反正我怎么学，就是学不会！什么叫作不认真？你们真的觉得我不认真吗？有谁知道我花了多少时间和心思？！"令颖说着用力把考卷揉成一团，愤而往地上一扔，趴在桌面上痛哭起来。

"哭什么哭？这有什么好哭的。你以为哭就可以解决问题、可以改变吗？"

令颖很清楚，哭不能解决问题，也不能改变什么。但现在她除了哭，也不知道还能做什么。

没有人了解令颖的痛苦。

尽管看着文字，勉强记住了形状，不过在辨识上却相当吃力，也无法了解文字的意思，当然就记不住。更何况要从脑袋里提取出来、说出来、写出来，又谈何容易！

话说回来，妈妈也感到无奈、无力又受挫。亲子之间常因为这些事产生冲突，但是又无可奈何。老师不断地强调，令颖看起来那么聪明，但在班里的成绩却长期垫底，毫无起色，总归一句话，就是不认真。

令颖真的不认真吗？

其实，她很认真了。真正的问题，根本不在认真与否。

理解、陪伴与协助学习障碍孩子

阅读障碍孩子所见是"跳动"的字

有一回在地铁台北车站的地下街用餐时，我望着面包店的结账柜台，心想怎么有这么国际化的服务，连柜台的告示牌都附有韩文。看着看着，却觉得哪里怪怪的，告示牌上略显斑驳的文字似乎掉了漆，再望向左边柜台，原来上面写的是：请到邻近柜台结账。

现在，让我们试着把眼前的文字用橡皮或涂改液涂掉部首或某部分笔画，让字显得残破不堪或像在跳动一般。接着，请试着去阅读并理解这段文字想要传达的信息。

在阅读过程中，我们会参考脑海中的数据库、经验值，去猜测眼前这篇看似残破文章的信息。但是经过几次的解读练习后，你可能就不想再玩这个游戏，因为太吃力了。

反过来想，阅读障碍孩子却得长期面对这样的困境，夜以继日，无尽地轮回。

评估是否为"视知觉"问题

有些孩子在儿童心智科、复健科，通过医生转介进行职能治疗，评估后发现是"视知觉"有问题，对于符号与形状的认识、辨识、记忆和提取有困难。

若因视知觉的问题导致孩子在阅读学习上有困难，非常建议家长通过专业的治疗师，针对评估结果提供训练，并进行追踪。因为这可不是自己多练习就能学会的。

别执着于让孩子"动笔写"

对孩子来说，动笔写字当然很重要。但是当孩子没有办法通过书写输出时，是否依然要强迫他用这种方式进行输出？

让他"说"吧。先让孩子试着把心里的想法、理解的事情说出来。语音输出也行，现在科技与时俱进，很方便。不然，通过计算机、平板电脑打字也行。

让孩子知道他有能力充分地表达想法，而别一直拘泥于非用写的方式不可。

虽然在现行的教育体制里，避不开动笔写字。书写是一定需要练习的，这点毋庸置疑。但是在练习之余，也要让孩子用最适合他的方式表达。

每个人练习输出表达的方式不尽相同。如同早期写作、出版，一张稿纸加一支笔，得一字一字地写下来，接着由印刷厂把每一个字挑出来，用铅字排版。渐渐地，有了打字机、计算机键盘。到了现代，网络与手机非常普遍，语音输出也越来越方便。

不要再拘泥于非得用某些特定方式。方法没有绝对的好坏，关键在于哪一种最适合孩子。有些孩子适合用写的方式，书写对他来说是最佳的输出状态。有些孩子适合用说的或打字的方式，那说与打字就是最适合他的方式。

这不是在逃避问题，而是若要解决问题，请先让孩子生存下去，在学习上可以好好地持续，而不是一直在原地打转。我原地转三圈就会觉得天昏地暗，更何况是长期无法停止的旋转。

如果孩子就是有书写困难，为什么还要一直拘泥于这一点，不断地批评、谩骂，不断地要求他一定得怎么做？

跳出"非得如何不可"的观念

"非得如何不可"，实在是强人所难。

如果孩子做得到，一切就很简单。重点是孩子的特质，就是很难用一般教育指定的方式学习。

教育最忌讳的，就是不管孩子的个别状态，只想用同一种方式强迫孩子学习。

每个人都可以找到适合自己的方式，不见得都得一样。跳出非得如何不可，对学习障碍孩子来说是非常重要的一点。

"非得如何不可"会让学习障碍孩子很累、很辛苦。其实，每个人只要找到自己的学习模式，一定有机会徜徉在学习的海洋中。

解读孩子有什么学习困难

对于学习障碍孩子，要做到"先不责骂"这点，已经很不容易了。我们先把偏见暂时放在一旁，避免先入为主地设定这些孩子就是不认真、不努力。孩子真的不是笨，这点你一定很清楚。

现实的问题在于，孩子的学业表现确实不符合大人的期待。

然而，我们必须重新思考这个"期待"的设定，到底是以什么作为标准，参考的范围又是什么？为什么我们认定孩子可以符合这样的标准？

在过去的考试中，孩子是否达到这样的程度？如果没有，那为什么我们还是做出这样的设定？

大人希望孩子表现得好，孩子自己何尝不希望。

让我们就事论事，好好地一起思考如何解读孩子的学习困难。这么做，除了帮助孩子找到问题的症结，而非找借口合理化自己的学习表现，同时也是不希望孩子被误解，因为误会只会徒增压力。

有时，孩子并不知道自己到底怎么了，大人也一头雾水，却一味地批评"你就是不认真"，或者认为"你就努力啊，多读就懂了"，但现实往往并非如此。

我们真的必须停下来，思考一下责骂孩子到底是什么用意。

事实上，责骂孩子往往只是在纾解大人自己的情绪，同时也反映出大人对此没有任何解决办法。

阅读文字有困难，就先"理解"吧

有阅读障碍的人，有时看着字一直在跳舞，像群魔乱舞。有些字是浮动又跳动，让人无从掌握，阅读时感到晕头转向、苦不堪言。

请试着了解孩子对于文字的辨识是否相对迟钝，比如无法敏锐地分辨字形的差异、记忆与提取文字符号。这是什么意思呢？你可以找韩文、泰文、阿拉伯文，试试自己是否可以阅读。

假设发现孩子阅读文字真的有困难，是否还要花许多时间强迫孩子阅读？这是很为难的事，让孩子花费许多心力，却得不到太明显的成效。

不妨先试着以让孩子能够"理解"为原则。

通过"听"的方式，例如听故事、音频，观察他是否能比较有效地理解内容。如果答案是肯定的，那就先通过这个渠道学习。

先拥有基础的能力，再提升阅读与文字辨识的能力，这样应该会比较容易。

无力维持的自信
——从接受自己的脆弱开始，激发信心

学习障碍孩子的困境

"现在都几点了，你竟然还在睡觉。赶快给我起来，上学快迟到了！叫你早点睡，你就是不听。"妈妈说着掀开棉被，但启承继续将头埋在枕头里。

"启承，你赶快给我起来！动作快点，赶快起来，我们要上学了。"

每次到了上学时间，启承就不想动，因为他根本没有任何动力出门。到了学校，作业没有写，得在早自习补全，但是他依然写不完，也不会写。

除了上课时听不懂、看不懂，加上写不完作业，下课之后，还会被留下来继续写……那永远写不完的作业，对启承来说是无尽的灾难。

睡觉成了一种逃避，拖着拖着，直到早自习。第一节课、第二节课没有去，索性早上就不去了；到了下午，只剩下几节课，他常常干脆请一整天的假。

不过启承很精明，他会算时间。由于超过三天没到校就会

被学校报中辍，因此他会在第三天下午到校。

不上学，功课越积越多。一开始，老师一再地督促启承，但是当发现自己的督促始终没有任何作用，渐渐地就不想再管，只要孩子没有到中辍界限就好。

启承不愿意上学，爸妈不知道如何是好。骂也骂了，说也说了，孩子依然无动于衷。爸爸虽然气急败坏，但还要上班，只好放手交给妈妈管。但妈妈也精疲力竭，她还有好多家务事，以及更小的儿女要照顾。

而对于老师来说，学生到校很好，不上学也无所谓。老师每天把作业用网络传给启承的母亲。启承就把作业搁着，越积越多，堆到后来如同不存在。

在分组时，同学最讨厌跟启承同一组，因为他们很清楚和他同组没有任何好处，他只会拖大家后腿，缺乏贡献。

同学常常抱怨："老师，我们不想跟他同一组。每次都是我们在做，他就站在那边，什么事情也不做。"

听了同学的埋怨，启承难过地心想："我不是不想做，而是我真的不知道该怎么写。我也不想连累同学……"

理解、陪伴与协助学习障碍孩子

揣摩学习障碍孩子的生活

你可以想象学习障碍孩子的一天吗？

换个身份，设想自己有学习障碍，你可以模拟多少反应？

老师在班上，可以让一般同学揣摩学习障碍同学一天的情况。这可以帮助同学们去实际感受，对于学习障碍有一些了解、认识、同理与接纳。

可能有许多同学会反映："老师，我哪知道他在想什么？我哪知道学习障碍是什么？"

同学们无法想象，说明他们对于学习障碍并不了解。

如果要让同学们了解学习障碍，可以通过相关主题的微电影或影片，看看影片中的主角以当事人的立场诉说生命经历。接着请同学们轮流说出影片中当事人的心情感受，试着模拟影片中的主角，把他们的对白说出口。

带领同学们试着设身处地感受。有更多人了解，就有更多人注意到学习障碍孩子不为人知的内心世界。

讲到学习障碍，你会先联想到哪些关键字词？

提到学习障碍，你会先联想到哪些关键字词？

请同学们写下来，无论正面或负面都行，天马行空地，想到什么就写什么，不设限或给予先入为主的框架。

负面的可能有：傻瓜，笨蛋，偷懒，笨，智障，成绩不好，懒惰，不专心，字写得太丑，看不懂写什么字，不用心，不认真……

那正面的字词，你会想到什么呢？

想象身旁有一位学习障碍孩子，你如何与他对话？而他可能告诉你哪些话？你又可能告诉他哪些话？你期待他什么事情？你对他的要求是什么？他是否可以符合你的期待？

"谁说我一定要勇敢？"

孩子是否一定要勇敢？

其实，接受自己的不完美、面对自己的脆弱，也是一种成熟的表现。

合理地看待自己的弱点。看似限制的特质，往往在其他方面是独有的亮点。弱点或亮点，没有绝对，关键在于自己关注的角度，以及它们能否在学习的过程中，让自己动起来。

否则孩子的学习动机只会一直往下跌，整个自信锁了起来，甚至掉到连自信净值都呈负数。

孩子在某些特质上有局限性，假如我们感到不以为然，表现出嫌恶，也将使孩子看低自己。当孩子悲观地看待自己的学习能力时，在这种情况下，不要期待孩子能够找回自信。没有动力，没有父母及老师的支持，孩子是很难有所作为的。

我们很自然地期待孩子在课业上能够表现优秀，他们自己也是如此。但每个人终究有其特长与短板，不必强求，不要执着。若我们一直在原地打转，不停地要求，只会让孩子越来越看轻自己。

扪心自问：我们是否接受孩子拥有自己在学习上的特质，有别于大多数人的学习模式？如果愿意接受，相信孩子的内心会安定许多。

原因很简单：假如连最亲近的大人都不接受，那么孩子该何去何从？

面对挫败，孩子怎么看待自己？

孩子感受到挫折，我们要怎么做？

当然不只是说声"不要觉得挫败"那么简单。

我们要进一步地了解造成挫折的原因。而最关键的依然是孩子怎么看待自己，这一点决定了孩子的想法往哪个方向流动。

每一天，当我们醒来之后，思绪就会往某一个方向流窜。想法合理的孩子会往合理的方向思考，同时带来愉悦的心情与满满的动力。

但如果将焦点摆在对自己不利的事情上，越把自己看淡、

觉得自己不如别人，久而久之，存在感将越来越低，自信和自尊不见了，渺小到连自己也看不见自己。

让孩子看到自己擅长的那一面

每个人的能力都有各自的局限性，但也不要忘了，我们也都有各自所擅长之处。

只是在传统教育里，我们被框住了，似乎某些特定的听说读写算、语数外学科，才是值得被关注的事物。

但是，人的一生，绝对不只如此。

若我们让一个孩子有机会看到自己擅长的那一面，将让孩子对于自己的能力充满自信。

美国影片《因材施教》是一部可以让大家认识学习差异的纪录片。原版片名 *I Can't Do This But I Can Do That: A Film for Families about Learning Differences*，中文直译是"我不会做这个，但我会做那个"，我非常喜欢这句话。

这部纪录片让伴随读写障碍、数学障碍、注意缺陷多动障碍及听觉处理障碍等病症的孩子们现身说法，从这些学习差异孩子的生命历程中，我们可以感受到他们不被了解，甚至遭到误会、否定的痛苦。

然而庆幸的是，这部影片也让我们看到每个孩子在各自生命中的亮点。

或许他们的能力不符合一般社会大众的期待，但是别忘了，世界很宽广，不要局限自己的视野。

这部纪录片非常适合让班里同学了解学习障碍孩子的内心世界。

让孩子彼此接纳与尊重的融合教育，实在需要随着时间，一点一滴地慢慢让孩子产生观念上的改变。而我们大人在态度上的优先调整更重要。你怎么看待孩子，决定了孩子如何看待自己。

帮助学习障碍孩子让其他同学理解自己的状态。让同学知道每一个人看待事情的方式、理解自我的方式都不一样。就只是不一样，没有绝对的好坏。

我们可以说出自己是怎么看一件事情的，当然也可以说出自己的局限性，并且让同学们了解，方法不止一种，甚至可以有各式各样的方式。

无交集的亲子关系
——以"激励"接住孩子下坠的心

学习障碍孩子的困境

"我们该做的都做了，上医院做评估、听医生的建议吃提高专注力的药，该补习的、外加家教……你这孩子就是不积极、不认真，成绩差到极点，真的很丢脸！"

爸爸气到额头直冒青筋，孟孟却面无表情、眼神空洞地看着前方的墙壁。

"你倒说说啊，我们哪一点对不起你？有话就说出来啊！不要像个哑巴一样不敢开口。"

孟孟依然不说话。该讲的，她在这个家不知说了多少遍。

爸爸正要继续骂，孟孟突然开口："我说了有用吗？我讲了多少遍，你们还不是只认为我不认真、不专心。除了这个，你们还会说什么？"

孟孟突然提高音调，让爸妈愣了一下才回神。

"你本来就是不专心啊！"

"好啦，我不专心，我吃药。结果呢？还不是一样。这要怪谁？还不是怪你们！"

"为什么怪我们？我们该做的都做了。读书可是你的责任，怎么到最后变成父母的责任？"连妈妈也加入战局，很明显，她和爸爸是同一阵线的。

"既然是我的事情，你们就不要管我。管那么多干吗？结果还不是一样。我就是这么笨，谁叫你把我生得这么笨！"

"你这孩子到底在说什么？只会撇清问题。我们想帮你解决问题，你还有一大堆意见！"

"你不是叫我表达我的想法吗？我说了啊，那你们还让我怎么做？"

空气瞬时凝结，令人感到窒息。

●

学习障碍孩子与父母的沟通，常常像两个平行时空，没有任何交集。

父母无法了解孩子到底发生了什么事，孩子也不全然了解自己怎么了。彼此的冲突导火线，就系在语文、英语、数学、社会、自然等学科的低成就表现上。

理解、陪伴与协助学习障碍孩子

先别认为孩子就是不认真、不努力、不专心

摊开考卷与作业，仔细探究问题到底出在什么地方。试着分析与了解孩子的得分、扣分的内容组成。

抛开先入为主的印象。先不要认为孩子就是不认真、不努力、不专心，而是就事论事地审视孩子的学习历程。

将不同的学科情况摊开来，可以看到孩子有不同的学习表现，试着将这些表现逐条列出来，仔细地观察：获得高分的、能够答题的是哪些内容，被扣分、无法答题的又是哪些内容，之后再进一步观察正确率与错误率。

让孩子感受到大人是真心想要帮助他，并且发挥福尔摩斯与柯南的精神，一起找出问题症结点，而不是一味地抱怨孩子不认真。

孩子生出自信，才不会消极逃避

孩子需要有机会感受"我也可以学习"的自信，否则长期不断被强化弱点、改善，再加强，很容易陷入希腊神话里西西弗斯搬弄的那块巨石的循环，不断地被推到山顶，又不断地滚

落至山脚，一次又一次……久而久之，孩子将明显浮现习得无助感。

如果孩子在学习过程中经历无数失败与一次又一次的挫折，可以想象当再度面对挑战时，他可能会在一开始就竖起白旗投降，而结果也很容易预测，因为趋势就是往下走。纵使在学习过程中，我们曾经试着调整考试和作业的难度，却会发现孩子没有任何想要面对的意愿。

"习得无助感"是一种消极的反应，觉得逃避虽可耻，但至少有一个作用，就是让心里勉强好过些。等于给自己画了一条界线，让失败的感觉到此为止就好，至少不会更差。少做少错，不做不错，由此，逐渐形成面对失败的消极生存模式。

身旁的同学头也不回地继续往前走，而自己则犹如陷入静止状态。这时，孩子已经死心，对于未来没有任何期待，也不想有期待，因为太多的期待只会带给自己更多伤害。

找到属于孩子的标准作业流程

理想上，我们希望孩子可以获得符合其特质的学习策略。现实上，这需要个性化地量身定做，在初期是一件消耗时间及心力的事。

但如果我们愿意花一些时间找到属于孩子的"标准作业程序"，之后再复制、粘贴，先把自己可以学习的基础建立好，接下来，孩子也比较容易照着做，进入自己的学习状态。

有时在教学上，教师不假思索地把一套教法用到底，反而易使孩子失去学习的机会，从而对学习产生畏惧或逃避心理。

这一点令人感到沉痛。我们是否真正看到了孩子在阅读及书写方面的局限性？如果我们没有了解他的局限性或特殊性，孩子就会在痛苦、受挫与失败的旋涡里一直旋转，甚至出现溺毙的感觉。

关于孩子在阅读及书写上的不理想，我们要警醒。不要只看到表面的失败，必须试着了解在这表面之下，孩子想要告诉我们的信息是什么。

关于这点，大人们有不同的意见：我们到底是要看孩子的优势能力？还是必须针对弱势能力补救或加强？

其实这两者并不冲突，而是可以相互交错，重新排列组合地进行，让孩子看见自己的优势能力，同时也了解自己的局限性。

学习也有"80/20"比例

我始终认为，对待学习障碍孩子，要找到符合其特质的学习策略，并补救或加强其落后的能力。两者之间的拿捏比例，可以参考"80/20 法则"。

让孩子开发其优势能力，同时试着接纳自己的弱势部分，同样也适用"80/20 法则"。

因此，我们需要打破旧有做法，别再围绕着孩子的局限性，对他无法做到或落后的部分，一直要求他做、要求加强与补救，这会使孩子一再被强调和提醒自己的能力有多么不足。长期下来，自我评价只会越来越低，到后来变得提不起劲，越来越缺乏自信。

学习障碍孩子很容易在长期遭到否定、批评、指责与谩骂的状态下，逐渐陷入忧郁。

请再次提醒自己：一个人未来在日常生活及工作上能够好好地生活、生存下来，依靠的一定是他的优势能力。这并不等于我们漠视或否认孩子的学习障碍问题。

以"激励"接住孩子下坠的心

到底该怎么办？难道就让孩子继续这样下去吗？

换个方法，"激励"吧！激励，可以用来先接住孩子那往下坠的内心。

给予友善的理解，至少能让孩子感受到有我们的双手在支持与呵护他。

不想把孩子逼上绝路，就不要再使用强硬的方式。倘若不改变学习障碍孩子的负面自我设定、看待事情的负面与失真模式，结局就是惨败的负面联结。别让消极、无助与放弃成为孩子性格的一部分。

这把切断的利剑就是——制造孩子的成功经验，让他深信自己有能力跨越难关，燃起心中那熄灭已久的动力。

第三章

学习障碍孩子的痛苦

"别再叫我笨蛋！"
——老师请避免错误示范

学习障碍孩子的困境

"叫你们平时多读书不读书，到现在竟然还有人错字一大堆。这么笨，连写个字都不会，以后出社会怎么办？"老师拿起一张考卷，看到分数就忍不住开骂。

"吴昊文、吴昊文、吴昊文……"同学们在底下鼓噪着。

"吴昊文，过来把考卷拿走！"老师不悦的口吻与带着杀气的锐利眼神，让昊文不敢直视，他低着头走向讲台，默默把考卷折起来遮住分数，不愿让同学看见。

阅读障碍孩子面对文字符号，在解读、辨识与理解上有困难。有些孩子在一段文字中，认得出某些字，但读完整段还是不了解，也影响了书写质量。

某次，老师脱口说出"笨蛋"，久而久之，同学们也把这个词冠在昊文的身上。不只上课让昊文感到难堪，下课时，同学们也带着讪笑、嘲讽和揶揄的不友善对待，直叫他想夺门而出。

"跟吴昊文在一起会不会被传染，变笨啊？"子扬刻意提高音量问。

"有可能喔!"阿基附和道。

"你们不要在那边乱说话,我才不笨!"昊文大声反驳。

子扬不以为然地呛声,"那你拿出本事啊!把这首诗写出来给我们看看。"他随手把作业纸摊在昊文面前,"你写啊,写啊。把李白的《静夜思》写出来。"

"写出来!写出来!写出来!"同学们围着昊文与子扬鼓噪着。

昊文不甘示弱地拿起笔,右手用力一握,眼睛斜瞪着子扬。

"写啊!写啊!写啊!你写啊!我看你怎么写!"子扬咄咄逼人的口吻伴着高傲的神情,抬起下巴,激着昊文。

时间像是凝结了,教室里的空气令人感到窒息。

"床全明月慌,移是地上……"如同以往,昊文还是容易将一些音读起来神似、却不正确的字写下来,而且写得很吃力。

"哈!拜托,是前后的'前',哪是完全的'全'?而且是'光'!我还慌了!"阿基夸张地猛敲着桌子狂笑。

"拜托,这首《静夜思》学多久了,到现在还错字连篇,真服了你。如果被李白知道,我看他都会晕倒。"

如同脑门被轰击,昊文被羞辱得无地自容,很不甘心,不知不觉地泪流满面。

他越想越生气,握着笔,狠狠地在纸上用力戳着。整张作业纸被戳得破破烂烂,如同他残破不堪的内心。

"我就说嘛,会写早就写了,我们还跟他在这里浪费时间。"

子扬说完，同学们像是看完一场闹剧般作鸟兽散，留下孤单落寞的昊文。

理解、陪伴与协助学习障碍孩子

家长和老师的沟通技巧："我担心……"

"笨蛋"这类词，对于孩子的学习绝对不会有好处，也没有帮助。别让周围的人像海浪般一句一句刺痛人心的负面语句，如万箭穿心一样刺出来，孩子的心会很受伤的。

这需要沟通，更是家长和老师之间必须要讨论的事情。

"老师，我担心开口闭口说昊文是笨蛋，会让他的内心受到伤害。这些话没有实质性帮助，只是让昊文被推向否定与放弃自己。不晓得老师说这些话，目的是什么？或许您要反映的是他这些字不会写、这一张考卷不及格，但就事论事地说，人身攻击、公然否定，并不会让孩子因此而有改变，只会让孩子的自尊和自信变得更沉沦。"

家长明确地向老师说出内心的感受及担心，同时也让老师觉察当自己讲出"笨蛋"一词时，真正想要传递的信息是什么。

你怎么舍得把孩子推到黑洞里？

别忘了，许多孩子在被骂、被数落、被暗示自己是笨蛋时，大都是自行吸收这些负面信息，在脑袋里不停地循环，犹如打蛋器般不断地搅拌再搅拌。

孩子不见得有机会寻求聆听他、懂他的人或找得到愿意了解他的人，只能关起门，在房间里不停地告诉自己："我就是笨蛋。""我就是跟别人不一样。""我就是落后。""我就是失败者。""我就是拖垮班上成绩的那个人。""我在这个世界上是多余的，不被重视。我根本不需要存在，连小数点后面的数字都不如……"

我们何其忍心看到孩子这样慢慢地看不见自己，消失在黑洞里。又何其狠心，竟让孩子承受如此的苦痛。

不要再说"笨蛋"

脱口而出一句话很容易，但请记得，伤害永远在那里。

说的人不会特别注意，除非自我觉察能力够敏锐。但你有没有想过，说出口之后，被批评的孩子心里受到的伤害会多么难以平抚。

我们必须思考自己为什么要这么说。别忽略语言所带来的杀伤力。

也许你觉得这个词说出来无伤大雅，笑笑就没事了。但是千万别忽略对于一个孩子，终其一生，这个词就内建在大脑中，不时地自动跳出来重击自信，一再地提醒孩子"我就是一个笨蛋"。

这样的自我否定，只会让孩子越来越瞧不起自己、意志消沉，并且自我否定。

"我有没有办法把这孩子教会呢？"

学习障碍的鉴定标准之一是智力正常或在正常程度以上。纵使对于智力障碍孩子，也不能任意套用"笨蛋"一词。

学习障碍孩子给人的刻板印象，往往就是外表聪明，但学业成绩表现差，不符合众人的期待。因此，常常被形容为"聪明的笨蛋"，这样的污名化，让孩子的内心被压得喘不过气来。

谁才是笨蛋？谁来定义笨蛋？什么叫作笨蛋？我们必须找到造成学习落后的关键点，而不是只用笨蛋一词就交代过去。

"除了说我是笨蛋，你还会说什么？既然我笨，那请你把我教会吧！"

孩子的心声，你听见了吗？

别再说孩子是笨蛋。在说之前，请先问问自己：我有没有办法把笨蛋教会呢？

"我真的不是故意跳行、漏字。"
——这种无奈，谁能理解？

学习障碍孩子的困境

"你到底读到哪里去了？再给我重来一遍。"讲台上的老师用力将课本朝桌面拍下去，"林建东，你给我认真一点！别人都可以，为什么就只有你不行？念得乱七八糟的。如果你再乱念，就给我一直念，念到好为止，否则就不要下课。"

建东深深地吐出一口气，心里狐疑："我哪知道念错了，明明看得很仔细啊。"但抱怨归抱怨，只能在心里嘀咕着，不能让老师听见，否则又要挨一顿骂。

建东在阅读时，虽然辨识文字的正确率很高，但不时跳行、漏字，读着读着竟会不知不觉地读歪，莫名跳读到另一行。

由于他经常跳行、漏字，惹得老师对他下达禁止令："未改善前，除了上厕所，你一律待在教室里，不准下课。"

下课了，其他同学都跑出去玩，自己却只能待在教室里，面对不时交错的行列，课本上的字像是搭乘手扶梯般移动着。

无法下课的人生，谁受得了？

望向窗外，同学们嘻嘻哈哈地跑来跑去，建东只能羡慕又嫉妒。心里有许多怨怼，抱怨老师为什么这么残忍，这么无法了解自己。跳行、漏字又不是他故意的。

老师说没改善就留下来，但他好想告诉老师："就算不能下课或放学后留校，甚至要我在教室里搭帐篷住下来，我还是会跳行和漏字。"

这不是对立反抗，而是真的没办法自行修复与改善。

老师只会说："别人都可以，那是你的问题。"这些话听多了，只会越来越让建东相信这确实是自己的问题，因为"别人都可以，只有我不行"，埋怨谁都没有用。

实在无法忍受这样的日子：一节课接一节课，只能窝在教室里，不能下课……这种感觉，谁能理解？

老师只会对他抛下这句话："这么简单的问题，你自己解决。"

"'简单'是你说的。如果对我来讲能够那么容易就解决，这早就不是问题了。"

建东心里嘀咕着："为什么大人不能想出一种比较妥善和适当的方式，而不是一直把我推到坑洞里？在这个坑内，我越陷越深。坑的周围一片黑暗，我大声呼喊，却没有人听得见。我陷在这里面了，没有人管我……"

没有人理会，日子该怎么过下去？建东心里很挣扎。

我们真的必须好好去听听读写障碍孩子内心的呐喊。

理解、陪伴与协助学习障碍孩子

听、说、读、写、算的顺序

"听、说、读、写、算",是一般孩子发展的大致顺序。

普遍来说,孩子能够以听觉接收的方式,理解说话内容的意思。接下来,在说的阶段,将自己的需求、想法、感受与企图,通过口述的方式表达出来。

进行到读的阶段,过程中牵涉文字是否单纯地以汉字出现,还是有拼音,以协助孩子进行拼读的参考。如果阅读的输入能力出现困难,对于阅读的理解自然形成障碍,更别谈写考卷、作业与口述等输出。

虽然有些孩子可以在阅读过程中勉强通过上下文猜测意思,通过文章语句的脉络推敲可能的内容,但是只要无法顺利分辨文字怎么读,就会在读、写这两方面出现障碍。

发现孩子无法顺利、正确地理解文字内容,面临阅读的挫折时,我们能做的便是协助孩子走出学习困境。

口述与手指扫描的速度不一致

孩子到底出现了什么问题？

仔细评估孩子在视觉搜寻、扫描上，是否有专注力的问题。在阅读过程中，是否通过手指辅助朗读。

每个孩子的情形不尽相同，有些孩子在朗读过程中，口头念的速度与手指扫描的速度是不一致的。

当发现这种情况时，建议让孩子先把手指移开，借由视觉扫描，即直接看着文字朗读，观察正确率如何。

面对跳行和漏字，大人不要暴跳如雷

父母是否能够坦然接受孩子阅读时，会跳行、漏字？

这不容易做到，但请先接纳孩子现有的特质。至少，当孩子发现你不再骂他、处罚他，或老师也不加倍要求罚写再罚写时，会比较心安。

让孩子知道："没关系，爸妈和老师了解你有这样的问题存在。我们来想想有哪些解决方法，可以怎么做、怎么突破。"

或许孩子的确有专注力问题，视觉搜寻、文字扫描的质量不甚理想，但请相信，没有人愿意跳行、漏字地读。所以，别再以不专心、不认真来看待孩子。

贴心地拉大行距

可以试着把行与行的距离拉大或字与字之间保持适度的间

隔，让孩子试着一行、一行地朗读。

在此过程中，让孩子用手指顺着划过每个字与每一行，先不出声朗读，而是去感受手指与文字行列之间的关系。

划过一遍之后，再请孩子把句子朗读出来，以观察跳行、漏字的问题是否依然存在。

或者，让词汇与词汇之间保持较大的空格，以便使孩子知道在哪个地方可以停顿。先熟悉一些词汇，例如两个字、三个字或四个字的词汇，并一次又一次地朗读，同时录音，以掌握在朗读过程中，声音出现的情况。

有些孩子读题时很容易跳行、漏字，父母可以争取让孩子的考卷在段落之间的安排更加明显，拉宽行距，甚至将字号放大，以便更清楚地辨识。

除了跳行、漏字，有些孩子则是花了许多时间与心思在辨识文字符号上。还有的孩子在阅读过程中，声韵觉识能力不佳，例如能说出"猫"这个字，却无法有效分析出"m""ao"两个音素，或是读完了也无法理解那句话的意思……

这些孩子在阅读方面，需要其他方式的辅助。唯有我们大人从原地跳出来，思考其他可行的辅助方法，才是对孩子的实质帮助。

从"听、说、读、写、算"切入

孩子的专注力是否容易受到视觉、听觉的干扰？如果是，可以先从排除学习过程中周遭的刺激开始。

但是，为什么会跳行、漏字？又为什么会把字看颠倒呢？

有些孩子看到文字或许认得出，但是读不出来，这往往是在声韵觉识上有困难，因而无法正确地发音和读出。同样地，无法在第一时间理解阅读的内容，是听觉理解或视觉辨识出了问题。

如果是视觉辨识有问题，要先厘清文字辨识能力是否出了状况，认识文字符号形状的速度是不是真的很缓慢。

此外，阅读速度缓慢，也会使孩子花费太多时间和心力，从而导致无法顺利地阅读。

正视孩子的身心特质

一句"不认真"，讲出口很简单，说了之后，似乎责任就结束，接下来是孩子自己的事情。然而，这句话却掩盖了许多核心信息，也很容易让我们忽略孩子的身心特质。

孩子的学习问题，实在不能以"认真／不认真"这么简单的二分法判定。笼统地将问题归咎于态度的不积极、不认真，反而容易使真正的关键核心继续被隐藏在深深的土里，而没有机会被了解。这是非常可惜，也非常不适当的。

因此，对于孩子的学习表现，别轻易给出"不认真"的评语。学习障碍孩子的学习情况，绝非单以态度就可以决定一切。

我们必须思考：孩子要传达的信息是什么？孩子在学习上有哪些特质？真正遇到的困难是什么？

　　虽然这些并非那么容易了解，但至少我们有想要了解孩子的态度。

　　看待学习障碍孩子的学习状况，别再以不认真一词含糊带过。有时，连孩子也不清楚自己的问题，可想而知，问题一直深深地埋藏在内心，时间一久，不只大人放弃，孩子真的也只能放弃自己。

"虽然书写很无力，但我不放弃。"
——多点宽容，多些可能

学习障碍孩子的困境

"我好想写，真的好想再写，但我就是写不出来。我好想再给自己一些机会。"

老师走过来将考卷抽走，如萍奋力想把考卷抽回来。

在这番拉扯下，考卷被撕破了。

老师生气了。"你在找麻烦是不是？你不知道考试时间到就要交卷吗？"

"我只是想要继续写完。"

"写完？你哪一次写得完？你这是在浪费大家的时间。"老师毫不留情地批评。

"我想要继续写……"如萍向老师求情。

"继续写？你以为全班就只有你一个人吗？我们都不用上课了是不是？我看就算给你一整天，你都写不完。这么爱写，你干脆就不要下课，继续写！"老师撂下狠话。

无论写作业或考卷，每次见如萍慢条斯理地写，像在刻字，或是一个错字、一个错字地慢慢擦掉，都挑战着老师的耐心与底线。

理解、陪伴与协助学习障碍孩子

"说"出一篇作文也可以

书写障碍孩子要提取文字符号是有困难的。

我们可以先试着让孩子用口述的方式尽情地讲，以训练语言表达与语言组织能力。重点在于让孩子能够顺利地输出。

通过语音识别也非常方便。只要孩子口语表达清晰，信号良好、没有杂音干扰，借由一次一次的练习，便能以语音识别的方式正确地找出与孩子所说的话相符的文字。

比如要写一篇作文，如果孩子在书写上有困难，我们却一直要求孩子用最不适合他的方式写，那只会耗费时间和心力，产生挫败感。倒不如试着通过另外一种渠道，例如以口头说的方式，将作文内容化为脑中的想法，说出来。

如此一来，不仅让孩子在说的过程中建立了自信，也让他了解，自己其实有能力对一些主题发表看法或"说"出一篇作文。

在特殊教育的协助服务里，便是通过口头说的方式，由老师协助录音，之后再誊写转换为文字输出。

再次强调，既然目的是要让孩子"完成一篇文章"，就不要执着于一定得通过书写的方式才算完成。

换个方法试试，不代表放弃

父母和老师难免有个疑问：那么，到底要不要让孩子继续练习书写？

我认为还是需要的，我们并不是要孩子放弃书写能力。但我要强调，让孩子以最佳的方式进行他的输出表达，与书写练习并不相悖，且是可以同时进行的。

请记得，先让孩子在学习上有正向的回馈，产生自信，才有办法产生强烈的学习意愿。

别忘了，孩子在过去遭遇过多少学习挫折，那是我们很难想象的。

点亮学习的那盏明灯

孩子的困境无人理解，连他自己也搞不清楚到底哪里出了问题。这种感受就像在黑暗中，完全没有方向，不知道自己到底身处什么地方。这时需要一盏灯，先让房间亮起来，也就是，先让孩子在学习方面找到"原来我有能力"的感受。

要让孩子了解一件事情：每个人都有各种不同的特质，也有适合自己的一些表达方式。缺少书写能力，并不等于整个人都是被否定的。

别让孩子的思绪陷入全有或全无的状态，这样的负面思考，对孩子非常具有杀伤力。

你愿意调整想法，让孩子以他最适合的方式进行表达吗?

如果你愿意，孩子会很感谢你，因为你也让他有了这样的观念:很多事情是有弹性的，并不是非得如何不可。

每个人会通过不同的方式，呈现自己对于一件事情的看法。例如有些人用舞蹈、音乐、电影、戏剧呈现，有些人通过写作、画画、游戏、行为艺术呈现，这些都是表达的形式，没有固定的方式。

文字的处理能力与速度，每个人不尽相同。有人掌握文字的能力比较强，有人认识比较多的词汇，记住的速度也比较快，因此可以一次又一次地重复阅读。

相对地，阅读较缓慢的孩子就吃力了。既然吃力又不讨好，谁又想要主动地阅读呢?

向绘本借鉴

要了解书写障碍孩子的内心世界，不妨读读绘本《不会写字的狮子》。

每个人都有其擅长的一面，狮子也不例外。

每个人都有其脆弱的地方，狮子也躲不掉。

表达内在的想法时，每个人各有习惯模式，无论是说、写、画或打字等，都是一种输出方式。

然而，有些孩子在某些能力上就是有与生俱来的困难。

虽然输出没有特定形式，书写、打字、涂鸦或口述都行，有些孩子却被困在无法写字的窘境里，输出有困难，提取有困难，读写有困难。有的孩子并非不晓得怎么表达，而是很难用写的方式表达。

这是同学们难以想象的。大家笑成一团："你怎么那么笨？！大家都会，只有你不会！"

对此，绘本中的狮子感到羞愧，而这更是书写障碍孩子每天都躲不掉的噩梦。

别再说孩子不认真或不努力。书写障碍，绝对不是态度的问题。这是与生俱来的，孩子在神经心理功能方面有一些问题。

通过书中这只不会写字的狮子，我们也感受到书写障碍孩子所面临的类似困境：孩子不是不为也，是不能也。

所以，我们要换个方式，允许孩子找到替代的表达方法，如打字或口述，并且仔细地思考如何发展出适合孩子的书写策略。

当文字在跳舞

阅读障碍孩子所见的文字世界是什么样的？绘本《我看到的字怎么都在跳舞？》（*Hank and the Dancing Letters*），很贴切地将孩子的困难反映出来。

别动，别动，别动！你们一直在动，让我没有办法好好地认得你们。

虽然很想与你们共舞，却抓不住你们的舞步。

阅读完毕，舞会散去，我还是很难与这些文字共舞。看着文字符号尽情地摇摆舞动，风情万种、热情如火，自己却有点晕头转向、招架不住。

阅读障碍孩子在阅读时，也是这样。感觉文字不听使唤地任性浮现、弹跳着，就像在跳舞，但是旋律混乱，又似飘浮，让脑袋处在一种混乱的状态。

"我也不想跟自己同一组。"
——分组是学障儿永远的痛

学习障碍孩子的困境

"怎么办？阿亮又来找我们了。"

"谁管他。成绩那么差，谁想跟他在同一组。"

"对嘛。和阿亮同一组，我们的分数只会被他拖垮，他就是个拖后腿的。"

"不要理他啦！就跟他讲我们这组已经满了。"

"没错，这是好方法。谁跟他在一起，谁倒霉。他自己一组就好了。"

"说的也是。自己的分数自己考，别想占我们的便宜。"

"谁想认养他啊？自己不认真，谁会想跟他同一组。门都没有！"

"是连窗户也没有！"

同学们把阿亮当成开玩笑的对象，笑成一团。

很现实的，每当遇到课堂分组，阿亮总是被同学们拒绝，没有一次例外。

所以一听到又要分组，他便默默地坐在位子上，低头抠着手指，一句话都不说，也不想说。

老师在旁边催促："阿亮，你怎么都坐着不动？耍大牌，要人家来找你啊？待会儿下课时，分组名单就要出来，动作快点。"

不管老师如何催促，阿亮就是不理。没人了解被排挤的心情是多么沉重。

他知道自己没有任何理由让同学接受和他同组，就连他也不想跟自己这样的人在同一组啊！

"或许像大家说的，我就是拖后腿的，对于别人没有任何好处。"

也难怪同学看他像见到瘟神，拔腿就跑。他都习惯了，哀莫大于心死，对"分组"他已经没有感觉，反正结局都一样，不是他自己一个人一组，就是被老师强迫安排跟一群剩下的人同组。

理解、陪伴与协助学习障碍孩子

难以撕下的标签

"你动作给我快一点！不要再擦了。拖拖拉拉的，一直擦一直擦，到底什么时候才能写完？我看你就是在拖延，浪费大家的时间，简直是找我麻烦。"

这段催促、责骂的话，熟悉吗？

大家都把问题归咎于学习障碍孩子。我们总认为孩子在找麻烦，但孩子何必如此？

我们觉得自己有好多事情要做，孩子也觉得自己有许多事情得做。大人的事情做不完，孩子的事情也做不完，彼此抱怨不满。

当大人要孩子写，孩子就得照做，但是写不完还是写不完……没完没了的要求，让双方的关系陷入恶性循环，师生关系、亲子关系不断恶化，同学的印象也越来越差，渐渐地，没有人想靠近，谁遇到，谁倒霉。

不停歇的错误旋涡，让人自我质疑

错错错，错错错，我的人生就是一路错，从来没有好好地修正过。

错错错，错错错，大人已经忍受不了我的错。但我也无奈，我也不想犯错。

改改改，改了还是错。

错错错，错了还是要改，改了又错。

自己越来越虚弱，越来越受挫，不要再叫我改，反正我改了又错，写了又错……

孩子一直陷入错误的人生，难免自我质疑："难道我生下来，就是一场错误？"

没有人想被设定在这种状态，被困在无尽的循环里，永远找不到出口。

然而，人生是否有所谓"标准化格式"？哪个方向是正确的？哪个匝道或出口是正确的？哪一个才真正适合自己？

没有人想犯错，学习障碍孩子也一样，但是又无可奈何。

划出"自我保护"的心理界线

若孩子选择自我放弃，我们该如何协助？

请不要直接告诉孩子："你不用在乎别人的想法。"

他人的批评、讽刺和嘲笑，孩子当然在意，并且往往因此而深深受创。虽然我们告诉孩子别在乎，但这多半只是理想，除非孩子能够控制自己的想法。

所以，请先接住孩子受伤的感受。这样的伤很痛、令人难以忍受——让孩子了解这些感受很真实，换成别人也一样无法接受。

先接受孩子的情绪，再引导他练习将这些情绪冻结，不扩大解释。

孩子需要划出一道自我保护的界线。可以教孩子试着这么做：想象自己在一个大型泡泡里，与外在杂音隔绝，保持内心平静，只听得见自己的声音。

冷嘲热讽，统统屏蔽

若孩子被同学笑"你这个笨蛋"，面对这些令人不舒服，带来难堪、羞愧、愤怒、嫌恶等负面感受的言语刺激，请允许孩子有各种负面情绪。

同时，也协助孩子思考与判断自己和这些同学的关系是否重要。

如果认为这些人对自己并不重要，就把他们从自己的朋友名单中划掉，用力地划掉。协助孩子将心理界线划清楚：

这些人不重要。他们根本不了解我，我也不需要大费周章地跟他们解释。因此，他们的冷嘲热讽，我统统都屏蔽。

那些生命中"不重要的他人"，不需要让他们的话影响自己。对方根本和我不熟悉，我为什么要花费心思、时间去和他争执？

孩子可能会提出一个疑问：那我要和对方争辩吗？如果他说我是笨蛋，我是要说"笨蛋又怎样"呢？还是回"然后呢"？这样跟他争辩，会不会让自己更难堪？

如果可以，不予回应，也别理会。

一个人开口说出伤人的话，通常是想要引起对方的回应。别让那些人说的话，在自己心里引发任何风吹草动。

这世界有时很乱、很吵，我们只需要静一静、只接受"重要他人"的一些想法。

如果只是想要扰乱自己的思绪，这样的人，就把他删除吧。

"到底哪一点好笑？是你好笑，还是他好笑？"

许多人常以自己有的，去嘲笑别人所没有的。

如果问那些取笑别人的孩子："你说这些话，到底是要做什么？"

有些孩子会告诉你："我就是觉得好笑。"

我会进一步地问："到底哪一点好笑？是你好笑，还是他好笑？"

说实话，因缺乏自我觉察的所作所为而伤害他人，这一点才让人觉得可笑。

更何况，说出这些冷言冷语，对于自己的成长没有任何正面滋养。对于被嘲笑的孩子来说更是一种伤害，也没有必要。

第四章

面对学习障碍的弹性

与其强攀高墙，不如从旁绕过
——别执着于"非得如何不可"

学习障碍孩子的困境

【之一】

这些字到底该怎么写？一撇一捺，一横一竖，脑海里根本没有个谱。点、横、竖、撇、捺、提、折、钩……天啊！这到底是什么玩意？！

俊贤不断咬着笔，试卷上一片惨不忍睹的空白，让他额头直冒汗。

绞尽脑汁，写不出来就是写不出来。每个字的提取犹如走在茫茫大雾中，伸手不见五指，很难瞧见眼前的模样。但他明明很清楚答案是什么。

俊贤突然举手发问："老师，我能不能用说的方式？"

"说什么说？现在正在考试，讲什么话？你不动笔写，难道等我告诉你答案？"

【之二】

"你写的那是什么字啊？错那么多。能不能专心一点？连照抄都抄错。"

现在是写作业时间，老师让同学们打开课本照着写。在座位之间巡视时，老师发现俊贤依然错字连篇。

俊贤无奈地拿起橡皮把错字一一擦掉。整个作业本，因为他一再地擦掉与重写而发皱。

写作业对他来说是非常痛苦的事。每一个字在写下的过程中，他都得思考许久，不时摸着额头、咬手指及衣领。面对皱皱的作业本，他感到非常烦躁又厌烦。

俊贤实在不晓得问题到底出在哪里。他明明认得这些字，也说得出意思，但是一到动笔写就有困难。

如果勉强仿写和照抄还可以，可是速度还是慢，有时还会上下颠倒或左右相反，错字连篇。

他真的很认真，可是，认真却不见得有回馈。他实在不懂，为什么"动笔写字"这件事对别人来说那么容易，对他却难如登天？

理解、陪伴与协助学习障碍孩子

限制，反而带来新发现

每个人虽然有自己的局限性，却也因此启发我们去寻找另一种符合自己的模式，这样同样能抵达终点，只是过程与一般同学不一样而已。

看似是一堵高墙挡在前方，走近了却发现一旁还有羊肠小道，转个弯，迂回一下，又是柳暗花明的开阔。

学习的道路真的有很多条，对于学习障碍孩子来说，辛苦的是，现今的教育依然期待每个人通过相同模式进行。

除非，学校的特殊教育发展得很细腻、很成熟，家长、老师、学生三者的合作非常融洽、有默契。

尊重每个人的身心特性及需求，是理想且必要的教育情况。然而，说起来很容易，实际要做到，却挑战着每一个人的思考弹性。你的视野有多广，你的心愿意开放得多大，决定了你愿意尝试的方法可以如何多元。

"多元"一词令你望而却步，感到伤脑筋吗？

事实上，教育并没有"非得如何不可"一说。

让孩子知道，通过 A 这种方式，学习有困难，没关系，还有 B、C、D、E……X、Y、Z 等各种模式任君选择。

在现实中，处处存在着对听、说、读、写、算的要求。若孩子在这方面有困难，别畏怯，主动告诉他：学习是可以有替代模式的。这关系到态度。当心态开放，也给自己制造了许多学习机会。

调整心态，随时视情况修正

若我们想要改变、调整对待孩子的教学、评价方式，愿意去了解孩子，提出的要求就比较切合实际，不会为难孩子。

路有很多种走法，不见得只有直线到达这条看似最方便的路。多数人倾向开上最快速抵达目的地的道路，如国道。然而，有些人容易在这些路段塞车，学习成效不好，那么不如转换方式，走省道、绕县道，或者选择其他迂回的乡间小路。

不同的道路，有不同的风景，只要能够抵达目的地，不必拘泥于是哪一条路。

关于输入、输出的方式，因孩子的身心特性及需求而异，而必须视当下情况，随时做修正，评估、教学、评估，评估、教学、评估。

也就是，先评估孩子的学习目标、内容、能力等，以作为教学的参考。而对每一次的教学，也同样再进行评估，从中了解孩子的学习进度，再进行修正，作为后续教学的参考。如此反复，持续地滚动式修正与执行。

先运用优势，再改善弱势

"孩子到现在还不太会写字，怎么办？"这是许多书写障碍孩子家长的求助与呼唤。

先让我们想一想：当下想要解决的问题是让孩子学会写字？还是先帮孩子找到写字的替代方式？这两个方向看似不同，但并不矛盾，差别只在于我们要投放的比例有多少，优先级是什么。

试着先陪伴孩子找到他会的、具有优势的模式，接着再改善孩子比较弱势的部分。

例如用 80% 的时间，先让孩子以自己的方式学习，建立基本认知概念，不至于因在认知基础上落后而造成自信崩盘。随后再补足 20%，进行书写的调整及改善。

这里的 80%、20% 是举例，会随着不同孩子的书写障碍程度，进行不同程度的调整。关于这点，可以在个别化教育计划（IEP）的时间，与资源班老师、相关特教专业团队治疗师（如物理、职能、语言）及心理老师、导师、科任老师等进行讨论。

请给孩子机会——保持一种动态的态度，而不再百分之百地硬是要求孩子把字写好、写对。

对孩子的表现，请宽容看待

有些孩子写出来的字太大或是笔迹潦草。要注意的关键在于，这些字能否顺利被解读及辨识，而不会因为错字被误解原意。

如果可以，给孩子一些宽容值，允许他适度地这样写，别一味地要求擦掉、重写，或者罚写多少遍，这只会使孩子在书写上越来越感到受挫和抗拒。

若要训练孩子，使其写字的大小逐渐维持在适当的水平，可以借由格子的限制或是小纸条，让孩子试着适度地把字写进范围内。

此外，也要厘清孩子无法顺利写出适当大小的字，与其手部功能、精细动作的控制有多少相关性。关于这一点的厘清，建议转由职能治疗师介入、协助。

别再为难书写障碍孩子

我常常开玩笑说："在联络簿上，字写得最丑的往往有两组人，一是父母，二是老师。"

父母签名时不是签正楷，多半是龙飞凤舞地画龙点睛一下。签名只是一种符号，表示自己已看过联络簿、确认过或"我负责"等意思。老师并不会把父母的字圈起来，要求他们重写，却会要求孩子重写。

或许你认为"孩子刚开始练习写字，把字写好是最基本的"，这个想法，我认同。最好的情况是孩子一开始就能够学好。但是，如果孩子在书写上有困难，我们实在不要再为难他。

运用游戏，酝酿书写的"动力"

让孩子练习书写，需要一些动力。

例如玩想象游戏，你可以拿起手机假装打电话，告诉孩子"帮我记一下电话号码"，接着对话筒说："你好，你说电话是130××××××××……"孩子参与游戏，就容易主动拿起笔，写下你所说的数字。

如果希望孩子写下生字，可以告诉他："帮我记一下地址，台北市信义区……"孩子便会很自然地把这些字写下来。

"动机"，真的非常重要。有了动机，书写的意愿会很强烈，落笔的概率自然高出许多。

若书写动机被破坏，甚至被瓦解，对于书写产生厌恶的孩子自然会开始回避书写。让孩子对书写感到厌恶，绝对是不明智之举，因为这只会逼得孩子越来越逃避、越来越讨厌书写。

孩子，你不需要什么都懂
——接纳自己的局限，发现自己的无限

学习障碍孩子的困境

"你能不能专心一点？别老是东张西望。这个单元教了这么久，怎么还是学不会？其他同学都算得滚瓜烂熟了。你再不努力一些，我看你数学会永远垫底。"

老师说归说，文泰听了却没什么感觉。类似的话，他不知听大人讲了多少次，都可以倒背如流了。

但老师没注意的是，文泰在语文、英语、社会、自然课方面的表现优异，和数学完全不一样。

文泰的专注力，真的有问题吗？

●

我们真的不要把什么事情都牵扯到专注力上，而是要思考孩子的表现，到底反映了什么情况。

没有一个孩子或大人是十项全能的。身旁虽然是有各科表现都在平均水平以上的人，但其他同学难道是十八般武艺都会吗？

106

人生，也不需要如此。

以我来讲，自然科目（如物理、化学、生物等）是我最弱的。面对这些科目，要保持专注力，我就先竖起白旗。我的水平真的连初中生都不如。

但这不表示我的专注力有问题，而是我压根很难理解，或者更直白地说是不想理解，因为我的兴趣不在这里。你可能会说这些是很基本的科目啊，读书时，不都是必学的科目吗？

考试归考试，勉强死记加硬背，或许真的可以考得差强人意。但我很清楚，考完，就结束了，拿到分数后，那些内容就会从大脑的数据库中直接删除。

或许也可以这么说，在我的生命中，没有很好的物理、化学、生物等知识，也无伤大雅。有一天真的需要时，再寻求相关专业人士的帮助即可。

谁不想要样样好？但这是可遇而不可求的。

我的印象很深刻，大女儿念小学六年级，即将读初中前，我告诉她："你的数学可以问我，甚至可以问到大学。但是理化不要问我。"

身为父亲也是有自尊心的，因为自然科目不管怎么问，我都答不出来。

尴尬的是，女儿念七年级时问我："爸爸，你不是说数学可以问到大学？怎么现在七年级下学期时问你，你就不太能回答出来？"

初中数学真的越来越难，也许孩子问比较专业的补习班老师或学校老师比较好。

了解每一个人的局限性，这是必须要有的态度。

孩子，你真的不需要什么都懂，因为我们也不是如此。

理解、陪伴与协助学习障碍孩子

融合影片：《心中的小星星》

想要了解学习障碍孩子的内心世界，《心中的小星星》（*Taare Zameen Par*，2007）这部印度电影，是你非看不可的。

剧中主角是患有阅读障碍、书写障碍与数学障碍的小男孩伊翔，在教室里，他总是被误解、被冷落，甚至一度选择了放弃学习。

没有一个孩子愿意天生落后，老是学不会。我们如果仅是催促、抱怨、指责、怒骂，绝对无法让学习障碍孩子跨出天生的读写限制。

请再次提醒自己，学习障碍，绝对不是态度的问题。别再归咎于孩子不认真、不努力、不用心。孩子绝对不是笨蛋，这一点，你一定知道。

请正视孩子这隐性的特质。试着找到孩子具有相对优势的能力，就如同电影中，伊翔的绘画天分被老师发现与看见。每个孩子一定都有他相对的优势能力，不需要与别人比较。

让孩子能够感受到他所拥有的能力，就如同伊翔从画画中感受到自己隐藏多年而终见天日的自尊与自信，以及终于能呼吸那自由自在的学习空气。

别再执着于学习一定非得如何不可。无论是听、说、读、写、算，还是输入、输出，都请找到最适合孩子的方式吧！让一颗颗心中的小星星能够发光发亮，学习障碍孩子也能拥有他的一片天空。

教育，不能只有一种方式

真心推荐影片《不读之才》（*Journey Into Dyslexia*，2011），让阅读障碍孩子了解原来自己并不孤单，在这世界上，有许多和自己情况类似的人，知道他们如何看待自己，并且尝试将所遇到的学习困难说出来。

当孩子越能够明确表达自己的内心，就越有机会找到问题的核心。让阅读障碍孩子了解无论什么样的情绪或感受，都很自然，都应该被接受，情绪本身没有对错。自我表露的过程很不容易，亟须我们的支持与陪伴，让孩子能够有勇气脱口而出。

《不读之才》这部影片提醒我们，教育不能只有一种方式，非常适合让班上有学习障碍的孩子与同学们一起观看。

每一个孩子的学习模式不尽相同，"因材施教"这句老掉牙的话，真真切切地反映了教育的本质。

教育不该仅仅是一种中央厨房系统的概念，只是把菜（固定的一套教学模式）先做好，等孩子要食用（学习）时，再从中央厨房大量端出来（授课），不管你吃不吃，无论你适不适合。

当然，这样的教育方式最简单、最速成，准备的时间成本最低。但我们却没注意到对于学习障碍孩子来说，他的特殊需求被忽略了。他需要吃一些为他"量身定做"的不同的菜。

但每个人都有局限性，就如同老师在教学上也有其局限性。不能要求每位老师都懂得特殊需求孩子究竟是怎么一回事。

对于班上有阅读障碍、书写障碍、数学障碍等学习障碍的孩子，若老师愿意试着抽出一些时间了解，至少能够明白他们并非故意要如此。当老师把自己的不恰当态度收起来，合理地对待孩子，孩子就会发现老师是真真切切地试着了解自己。

孩子内心感到被接受了，学习路途便不孤单，因为有老师的陪伴。

孩子在情感上被接受，至少自信被支撑住，也更有勇气坐在教室里，面对一般教育的挑战。

当然，仍然有许许多多教学策略需要量身定做，融合各种特殊教育专业，我们尽力而为，协助孩子多走一步是一步，让孩子重拾属于他们的学习方式。

该怎么看待阅读障碍、书写障碍呢？

要说是一种疾病，事实上，这样的疾病并没有所谓治疗的药物。更好的方式是转变我们看待的角度，若能从更多元的角度出发、提高接纳性，就可以更合理地看待这些孩子。

这些孩子其实非常辛苦。长久被指责与纠正，没有人受得了，尤其是幼小的心灵会承受着莫大压力，遭到言语批评、指责、揶揄、讪笑与霸凌。

孩子会承受不了的。校园适应的困难、学习的困难，再加上师生关系、同侪关系，以及情绪的困扰，孩子有什么理由愿意好好地坐在教室里上课？

到校上学，对于这群孩子来说真的需要足够的勇气，否则很难待下去。

每一部纪录片、微电影，其实都在诉说着有些声音需要被听见。邀请你来观赏，如果你愿意了解这些孩子，他们真的会感谢你。

捣蛋，是一种"走投无路"的表达
——以捣蛋掩饰学习困难

学习障碍孩子的困境

"我在教室里的作用只剩下捣蛋。如果连捣蛋的能力都没了，不晓得自己还有什么存在的必要。"这是镇廷无处倾诉的心声。

镇廷常常被老师抱怨像个多动症孩子，干扰上课，建议妈妈带他到医院接受评估。

"妈妈，镇廷上课时根本没在听，常把桌子摇来摇去，不然就是故意把笔掉到地上，趁机转头跟同学说话，还老是发出怪声，一直在动，完全静不下来。他净说些和上课无关的话，只会捣蛋。问他为什么要这样做，他总是对我耸肩、摇头，说他不知道。"

老师不知道的是，镇廷只能用捣蛋这种方式隐藏自己的学习困难，转移同学及老师对他在学习上的注意力。但他也因为捣蛋，老是被处罚。

不过，处罚对镇廷已没有太大的作用，忍一忍就过去了。

"我根本不想到学校来，宁可在外面晃。就算得去妈妈的店里帮忙，也不想来学校。在教室里，痛苦又难熬得要死，像待在地狱一样。老师和同学只会骂我、嘲笑我，让我觉得自己是个糟糕、愚笨又没有能力的人。在这个班上，我是多余的。我存在的意义，只剩下捣蛋。"

理解、陪伴与协助学习障碍孩子

课后班，真的有成效吗？

学习障碍孩子很容易因为学科的成绩低而被安排到课后班，但是在课后班，一个老师往往要面对不同年级的孩子聚集在一起，"完成作业"是主要目的。

到课后班对学习障碍孩子的帮助有多大？

父母质疑："放学后，我让孩子留在课后班，可是他还是不写作业，而且在那边捣蛋。"

老师也没办法。"我在课后班要照顾那么多人，该教的、该骂的、该处罚的都做了，对孩子却起不了任何作用。"

孩子怎么想呢？"你骂我，我当作耳旁风。你处罚我，我就是不为所动。叫我写作业，我不拿起笔，你也对我没辙。"

重点还是在此：老师的时间、能力有限，没有办法逐一针对学习障碍孩子的障碍特质做应有的调整，如进行报读或听打。

然而，孩子在阅读输入或书写输出上有困难，或者同时有读、写问题，想要通过课后班获得应有的协助，真的很难。

缺少学习成就感，以捣蛋吸睛

孩子把上课后班当作放松，反正一群同学吵吵闹闹，老师也管不了。

既然在学科上没有成就感，自己至少还剩下捣蛋的能力。学科无法获得老师及同学的关注，那么调皮捣蛋就是最简单、最快速的方式。

孩子懂得运用"杠杆原理"，只要自己一作怪，吸睛效力可达十倍、百倍，让老师的教学受到干扰，所有的关注都聚焦在自己身上。

被关注，就如同双刃剑。孩子因被看见而感到获益，实际上，却也令同学、老师对他的印象越来越差。

很残酷，在一个班上，按照学科排下来，总有倒数的几名学生。孩子学业落后、成绩垫底，老师并不觉得有什么问题。但是当孩子开始调皮捣蛋，干扰上课秩序，老师便无法咽下这口气。

孩子的学习成绩没有跟上，行为却逐渐偏差，更加深老师与同学对学习障碍孩子的极度负面的印象。最后很容易如此归咎：就是因为不爱读书、不守规矩、调皮捣蛋，成绩才这么落后，一点都不值得同情。

如何让学习障碍儿童愿意到校上课?

换个角度思考:学习障碍孩子到学校的动机及目的为何?如何让他每天起床后,愿意到学校上课?

别光说"上学是学生应尽的义务",这对孩子来讲太空洞,也没有说服力。

倘若在学习输入(如阅读)或输出(如书写)上,孩子没有获得协助与调整,反而不断遭遇挫折,再加上老师不断地嘲讽,那他为什么要到学校去?

学习障碍孩子出现"拒学"状况的概率非常高。为什么孩子不想上学?可以设想,在学校没有学习成就感,被误会、遭排挤,在凡事都被比下去的情况下,只会让他觉得自己越来越糟糕。

待在教室里好像被放入高压锅,被压得喘不过气。如果再加上老师不合理地要求与对待,被视为不认真、不努力,压力就很容易爆表,令他承受不住。

但问题不只在这里。

分组也会带来巨大的压力。遇到要分组时,其他同学会认定他的水平很差,没有人想和他同一组。

我们设身处地想想:分组时,明知同学的水平不理想,你会选择和他同组吗?我相信除非老师特别安排,否则绝大多数的人不会考虑。

"我可以和你在一起玩，但是学科分组真的没办法在一起"，这个想法很残酷，但也是一种身不由己的现实。

面对教室里的这些压力源，如果学习障碍孩子没有获得应有的协助，就会一直处在这样的困境里，也就一次又一次地越加逃避，对上学更难适应。

孩子拒绝到学校，学习进度明显落后，与同学的距离也就越来越遥远。

对孩子来说，拒学是一种不得已的生存选择，至少在家里比较好过。除非在教室里，老师愿意拉他一把，同学们愿意释放友善的空气。

老师真的不要只是批评，这对学习障碍孩子来说是最忌讳，也最厌恶的。用骂的方式，孩子的学习成绩并不会因而有起色，只会更加沉沦。用骂的方式，孩子的自尊心和自信心只会更加被糟蹋，而陷入暗黑的深坑。

学习障碍孩子很容易走到忧郁这条路上。长期的情绪低落、受挫与被排挤，都会让孩子在整个学习过程中，一直找不到自我存在的价值。

他们被老师否定、被父母否定、被同学否定、被周围认识的所有人否定，最后连自己也否定自己。身旁没有人了解自己，没有人愿意伸出援手，无人陪伴……难以跳出这样的困境，一天一天，永远没有结束的时候，那是永无止境的黑暗。

他会这样想着：在这个世界上，我到底有没有存在的必要？

谁来救我？谁能了解我？——若孩子发现"没有人"能拯救他，很可能会自我伤害。

找出"不知道"背后的真正原因

与孩子对话时，我们抛出问题并期待孩子回应，孩子却对着你耸耸肩、摇摇头，或者直接告诉你："我不知道。"

当孩子说"不知道"或不愿回应时，让我们停下来思考：孩子是不想说、不知道怎么说或不愿意说？还是有其他原因？

孩子反映"不知道"，我常常回复："所以我才要问你。既然你不知道，那我们就花点时间知道。"

这么讲，主要是先设定孩子是有能力思考的，他只是不假思索便直接回答"不知道"。

有时孩子是真的不知道，我就会回复："既然如此，好吧，那就由我帮你说出你的想法、说出你内心的感受——"我先帮孩子说完，再由孩子复述我所讲的内容。让他复制、粘贴，模仿我们的说法，也是一种自我表达的练习。

我其实很担心，孩子长久地动不动就回答"不知道"。因为一旦不太动脑思考，问题便会反复出现，久而久之，也就变得不太有能力思考。很少动脑筋，时间一长还真的不知道该怎么动脑了。

特别是注意缺陷多动障碍孩子，不太愿意思考、不太能思

117

考，也不太爱思考。思考的能力练习太少，便慢慢退步了。

如果孩子耸肩是因为当下不愿意说，我会让孩子知道，或许我们晚一点选另外的时间，或者换另外一种方式、换个地点，再和他谈。

孩子不是一定得跟我谈，只要他愿意与某个大人谈，都是个机会。

若孩子不愿意和爸妈谈，却选择与辅导老师、心理老师谈话，也是在告诉我们：亲子之间，对于内心的一些想法、秘密及一些事情的看法，是否有些待了解和厘清的困境。

有的孩子不想讲出来，主要问题在于对立反抗，对大人的要求显得不以为然，于是觉得"我不说，你也拿我没办法"。在这种情况下，孩子取得了制高点。

有些孩子不说，反映的是焦虑，如选择性缄默症。

至于学习障碍孩子不说，或许是出于这样的想法："说了，有用吗？你们愿意改变对我的态度吗？"

不说话，其实反映了许多不同的原因，有待我们进一步地厘清。

学习障碍不等于"学习低成就"
——别错误联结，相提并论

学习障碍孩子的困境

"你怎么还在写？停笔。下课铃声响，该交考卷了。"老师提醒易哲。

易哲额头盗汗，考卷的最后几题留下一大片空白。

老师看着考卷，摇摇头说："你到底有没有在看书呀？竟然留这么多空白。"

这句话伤透了易哲的心，他支支吾吾地问："能不能再多给我一点时间？"

但老师冷漠且制式地回答："这怎么行。大家的考试时间都一样，多给你一点时间，那其他同学不就会要求比照办理？"

易哲的问题不在于不懂或不会写，而是他的书写速度真的好慢。

"写不完，抱怨有什么用？你明知写不完，下次就好好读书。拖拖拉拉的，留那么多空白，难怪考这么差。"

易哲没写完，到底是不会写，还是没有时间写？

最快的确认方式就是"多给他写的时间"。如果他能够作答，并且正确回应，便很明显是书写速度或精细动作握笔的问题，而不是会不会写字或理不理解的问题，因为答题的正确率高。

问题或许不在于没有准备，而是易哲在书写的处理速度上，真的比其他同学缓慢。也因此导致在考试时，往往完成了前面的 3/5 或 4/5，但后面的题目来不及写而空着，分数被白白扣掉。

一次又一次因写不完而造成的低成就，让易哲深深感到挫败。

"我就是写不快，到底能怎么办？我只能跟老师多要求一点时间，但老师始终是那句话：'这不公平。'但是，什么叫作公平呢？"

理解、陪伴与协助学习障碍孩子

扩大追踪观察的范围

对于孩子写字，我们可以将观察的范围扩大些，通过他在班级、社团、补习班与日常生活中的情况做判断。

整体来说，如果孩子有书写障碍，呈现出的问题应该是全面的，而不会只有某些学科的错字一大堆，在其他感兴趣的活动上则没有错误。

　　例如，有些爸妈感到迷惑："说孩子不会写字吧……但我常常发现他在房间里自得其乐地拿起笔，写下许多感兴趣的恐龙名称，比如雷克斯霸王龙、暴龙、三角龙、剑龙……这些字多难写啊，可是仔细看，字的正确率比平时写在作业本上的高。他是真的不会写，还是在学业上不用心？"

延长考试时间

　　在哪些情况下，我们会希望学校延长孩子的考试时间？

　　书写速度比较慢的孩子，需要有充裕的时间作答。

　　但如果是专注力缺陷的问题，需要的并不是长时间作答。给予越久的时间，他答题的效果只会越差。夸张一点来说，甚至你把整个青春托付给他，孩子依然表现涣散和不理想。

短进短出，分段作答

　　有注意力缺陷的孩子需要的是将考试时间分段，例如把一节课的考试分成上、下两段，或是两页的考卷分成两张分别作答。

　　对于注意力涣散的孩子，适合采取短进短出的方法，将时间缩短、范围缩小，孩子的表现反而更容易精准，并且，在两段考试之间的休息时间，避免接触太过刺激的活动，以防在转换注意力上出现困难。

"学业低成就"与"学习障碍"的鉴别

"学业低成就"与"学习障碍"之间，该如何有效地鉴别？

"学业低成就"与"学习障碍"，这两种情况并不对等，要试着找出两者各自的关键环节。

我们必须不断地抽丝剥茧，找出孩子的核心问题。这些问题不会只是一条线，有时候是许多线纠缠在一起，到最后让孩子在学习上打结，甚至打成死结，无法跳出去。

造成学业低成就的因素非常多，不能将学业低成就与学习障碍画上等号。但是，学习障碍孩子如果没有获得应有的协助，导致学业低成就的概率将非常高，而且状况会越来越糟糕。

以输出来说，可以观察孩子是否在考试和作业的纸笔测验上，写字的错误率高，对于感兴趣的内容，如自编游戏秘籍、书写恐龙百科等，却保持极高的正确率。

书写表现的不一致，大致反映了孩子没有把时间花在学业上，属于学科的学习动机低落，而不倾向有书写障碍。

有书写困难的孩子，我们很容易执着于他还是得学会写字，因为书写很重要。但除此之外，请让孩子发展出可替代的输出方式，如打字或口头报告等。

书写障碍孩子对于写字会非常认真地投入，然而，要他学会写字就是非常困难。就像无法走路的孩子，我们抱有期待，花了许多时间训练他走路，孩子自己也非常努力地想要跨步前进，但这并不表示孩子有一天可以往前走。

努力是否一定会有成果？很无奈也很现实的是，答案不一定是肯定的，因为每个孩子的局限性不尽相同。

难道要因此放弃孩子学习的可能性吗？绝对不是。我们需要的，是了解人人都有其局限性，如此才能比较合理地看待可能更适合孩子的其他学习策略。

没有人愿意接受自己天生有学习障碍这一事实。那么，为什么要去责备这些孩子？

对于肢体障碍孩子，你不会责备他为什么走路不协调、走得这么慢，为什么在操场上不会跑、在篮球场上不会跳。

同样，关于学习障碍，无论是阅读障碍、书写障碍或数学障碍，我们也必须很仔细且合理地看待，否则一个又一个孩子将继续莫名地被误解，却不明白自己为什么沦落到这样的处境。

别只看见分数
——垫底的人生，谁都难以忍受

学习障碍孩子的困境

爸妈因为阿元的成绩没有起色，决定开始限制他使用手机，以及剥夺他原本每个星期都有的零用钱。但是阿元觉得无所谓了。

在学业上，他并不是没有努力，不过这也不重要。他总觉得自己的努力、付出和辛苦，爸妈一点也不想了解，只想知道最后揭晓的成绩。

分数，决定一切。

阿元曾多次想和爸妈说明自己的学业状况，却发现不说还好，越说，亲子间的冲突越多，关系越加恶劣，所以现在他索性不说了。甚至在考完试后，不把考卷拿回家，也不想把成绩写在联络簿上，免得给自己找麻烦，也因此被老师纠正了好多次。

阿元并非不努力、不认真，而是孩子心里面有很多委屈与不解，在家里却完全没有办法与爸妈对话——除非他的分数有起色。

阿元觉察到和父母之间的亲子冲突不断，关键在于自己的成绩一直没有好转的迹象。也注意到爸妈并没有想要调整彼此的关系，只是一味认为他的成绩不如人。

父母认为，"交了钱让你补习，还买了教材，你自然应该交出好成绩。"

"谁不想要有好成绩？"阿元则是在心里纳闷着，"但是努力追求好成绩，是为了满足父母的期待、虚荣心？还是为自己的将来着想？"

他有许多疑惑，不知自己为谁而战，以及为何而战。

他觉得亲子关系现在只剩下分数。分数，决定了一切。语文、英语、数学、社会、自然等各科成绩好，父母就会展露微笑，甚至热情拥抱与重金奖励。

相反，分数若不尽如人意、不符合预期，换来的一定是冷嘲热讽，劈头就对他批评、指责、纠正，甚至谩骂。

这对大人，实在让阿元越来越厌恶。

眼看亲子关系在慢性恶化，除了父母没有调整的动机，阿元也表现出消极态度，不想做任何改变。

越是这样，家庭气氛越是保持在低气压状态，积压在胸口，令人喘不过气。

"到底有谁了解我？"

父母就近在眼前，阿元却感到内心无人知晓。最远的距离，竟然就在家里。

理解、陪伴与协助学习障碍孩子

垫底，没有人受得了

没有人喜欢落后的感觉，我们却让孩子一直在学校陷入这种状态。

谁不喜欢超前？谁不喜欢被肯定？谁不喜欢展现能力？在教室里，我们却让孩子越来越瞧不起自己，甚至周围的人也表现出这样的眼神。没有人受得了处于这种停滞不前的状态。

大人以一句话下了评断："谁叫你不认真、不努力，才自食恶果。"

孩子的委屈无处诉说。"谁说我不认真、不努力？无论我怎么做，结果就像你们看到的，垫底、垫底、垫底！"

如果没有一定的抗压性，谁都无法喘气。相信没有人会想持续陷入这种状态。就像无尽的深渊，在地底下，抬头看不见阳光，手也够不着出口，无论如何奋力跳跃，就是跳不出去。在这种阴暗的角落里，完全看不清四周。

实在无法想象，不管自己多想呐喊或呼叫求援，也明知没有用，因为身旁没人；或者就算旁人听见了，也没人想伸出手拉一把，只是无尽地讪笑。耳边回荡的还是那句自己不想再听

126

到的话："谁叫你不努力。如果你认真一点，今天就不会是这种结局。"

无从改变的绝望

预料自己永远垫底、再怎么努力都改变不了——这种"习得无助感"，任谁都受不了。

想象结局仿佛早已注定，在学校里就算再怎么努力，还是无法改变处境。孩子只能双手一摊，远远逃离这个让他压迫感非常大的地方。毕竟，谁受得了一直被否定，每个人都只看到他最糟糕的状态？

孩子的能力真的这么差吗？当然不是。

但是，他再也不会相信自己。成绩与名次摊开在眼前，不管前面的分数、名次如何变化，自己就只能如同一块大石头般扎扎实实地垫底。

老师时而发出冷言冷语："这种分数真的要纳入全班总成绩吗？这样不是把全班同学的分数往下拉？"

一天、两天、三天，一个学期、两个学期……这种无止境的状态，完全没有人受得了。

为什么学习障碍孩子想要从学校逃跑？

因为同学间的比较令他难以忍受。没有人想表现出糟糕的模样，被同学讪笑，所以孩子只想逃走。在学校里，承受着鼓噪、讥讽，完全感受不到任何人对自己的期待。

阅读障碍孩子，我们希望改善其阅读能力；书写障碍孩子，我们期待改善其书写能力。但是，能不能先帮孩子铺出一条替代的道路，让孩子通过适合自己的策略学习，例如以影像、操作取代文字阅读，以口头述说、计算机打字取代文字书写。

先让孩子找到他的输入与输出模式，给他时间和机会，累积基础概念及学习能力。

别只是针对学习障碍孩子的局限性、学习弱点，要求他奋力爬起来。孩子若长期关注自己的局限性，时间长了，他的目光将会只停留在这些无力的点上。

每个孩子有各自擅长的方向与适合的学习方式。先把局限性暂时摆在一旁，调整孩子考试与面对教学的学习模式，建立基础概念，进而试着找出对他们而言比较容易有收获的方法。

第五章

方法对了，家长、老师、学生三赢

"老师"是提升专注力的最佳良药
——突破教学上的盲点

学习障碍孩子的困境

"吃药、吃药，又是吃药！不要再叫我吃药。吃了这么多药，一点效果也没有，除了让我恶心和心悸，根本没有任何作用。"对着面前的药，和谦放声大哭。

妈妈正想劝说："可是——"

"可是什么？吃药的又不是你。你感受得到吃药的那种痛苦吗？"

妈妈实在说不出话来，吃药的是孩子，做母亲的心里也难受，但是又能如何？

老师不断地向他们夫妻反映，孩子在学校的成绩不理想、上课不专心，催促他们带和谦去医院做评估，诊断他的专注力是否有问题，并且强烈建议让医生给孩子开药。

无奈的是到了医院，医生二话不说便回应："既然你们有这样的需求，那就尝试用药看看。"

妈妈原本心想或许这是一线生机，通过药物的协助，有机会改善和谦的专注力问题。但是，药物的强烈副作用让她的心揪起来，相当矛盾，加上和谦对于吃药的强烈抵触，让她不知该如何是好。

服药之后，孩子的专注力是有些改善，但老师依然有疑问。"和谦妈妈，和谦的成绩怎么还是没有起色？要不要再跟医生讨论，是不是药物剂量用得太少？"

曾几何时，老师成了药师？

"难道就只能通过药物吗？到底该怎么办？"

不只孩子疑惑、老师疑惑，妈妈也疑惑了。

理解、陪伴与协助学习障碍孩子

药物绝非万灵丹

药物是提升专注力的处置方式之一，但绝对不是唯一方法，孩子需要谨慎的处方。在思考是否需要使用药物时，必须很严谨，至少要先尝试过教学方法的调整，如果依然没有明显改善，再考虑用药。

千万不要把药物视为提升学习成绩的万灵丹。造成孩子学习成绩低落的因素，需要我们仔细地抽丝剥茧。

当老师突破自己教学的盲点……

我们很容易将学业上的低成就问题，归咎于孩子不专心、不认真。然而，真是如此吗？

我们很少回过头思考教学内容与方法是否足以吸引孩子，很容易就忽略了自己的盲点，认为千错万错都是孩子的错。

或许老师在课堂上，的确发现孩子的专注力表现不像其他同学那么理想。然而，学习低成就绝对不只是专注力问题那么单纯。希望通过服药提升孩子的专注力，进而提升学习表现，但如果关键不在于专注力问题呢？

厘清学习障碍与专注力之间的关系很重要。这一点，往往需要通过资源班老师、心理评估人员、临床心理师、职能治疗师、语言治疗师及相关医师进行评估，协助厘清。

提升专注力，让整个教室都是摇滚区

演讲时，我常常告诉现场听众："不管你坐在哪里，对我来讲都不是重点，因为全场都是我的摇滚区。只要我愿意走动，谁说这里叫前面、那里叫后面。走到后面，我就可以翻转整个场地，让后面变成前面。"

简单来讲，这就像在班级管理中，如果老师上课时愿意走动，就有助于吸引孩子的注意力。

我也常常和现场听众讲："这场演讲，如果你想要好好聆听，聪明的你会选择坐在前面。怎么说？坐在前面，我们的距离这

么近，在我们之间没有不相关的刺激和干扰，对于专注力的保持，效果最好，同时耗能也最低、最不费力。反过来，选择坐在后面聆听这场讲座，中间的长距离将让你多耗能，整场讲座听完会很疲惫。"

从实际情况来看，一般的演唱会，最贵的票在最前面的摇滚区，因为最有临场感。

而坐在最后面，与演出者、演讲者由于距离远，要保持专注是很吃力的。

教室越远端的孩子，越接收不良

为了减少对教学的干扰，班上若有注意缺陷多动障碍孩子，老师多会选择把他的座位排在教室的后端。但是听者坐在最后面，与老师之间有许多不相关的干扰、刺激，注意力很容易涣散。

对于学习障碍孩子，老师往往也照做，当孩子出现干扰情况，同样往后面安置。但事实上，这么做等于在说"我放弃你了"，因为学习障碍孩子坐在后面，隔着一段距离，在聆听的过程中，需要耗费更多的专注力，也更加吃力。

以演讲警语为例：拉回专注力有技巧

演讲中，我常提醒现场的听众："如果是孕妇、有高血压、心脏装了支架或抱着婴儿的人，请尽量避免参加我的讲座，因为会被突如其来的声音、动作和脸部表情等吓到。"

这么说，反而促使听众保持警觉性，在讲座中更投入。

与其抱怨孩子不专心听课，不如试着先回到自己身上想想，思考我们如何通过表情、动作、声音、语调与内容，甚至边讲边演，配上互动，就像要吸引现场听众的注意力一样，来面对教室里的注意缺陷孩子。

在我的演讲中，要打瞌睡是非常困难的。我常半开玩笑地说，因为听得太专注，演讲结束之后，反而更容易入睡。在现场想要改作业或聊天也很难，因为我会把听众当下的举动，融入我的演讲情境中。

写下这些，目的在于与老师们分享一点：在班级管理中，我们可以很有技巧地把孩子的专注力拉回来。

"身教"是最佳良药

我想要强调一点：无论在什么情况下，"身教"都是最佳的良药。

当我们抱怨孩子上课不专心、没有参与感时，同样也可以思考，自己参加讲座时是否也有这样的态度。

很单纯地，希望孩子怎么说、怎么做，最快的方式就是我们大人先这么说、这么做。

责怪很容易，代价却高昂
——谢绝对孩子的冷嘲热讽

学习障碍孩子的困境

"永坤，翻开第三课，把第一段读一遍。"

被老师钦点念课文，永坤愣住了。

"我再说一次，把上面这段读一遍。"

永坤勉强开了口，却支支吾吾。

坐在后面的同学开始鼓噪："哈！你是塑料吗？到底有没有在听？第一段呢？赶快读啊。"

永坤何其不想就这样开口，像其他同学一样几秒钟就把这几段念完。但是，每个字似乎都在对自己讪笑、揶揄着。

"我是谁呀？你认得我吗？拜托，见过那么多次，竟然还叫不出我的名字。"

"你是老花眼，还是近视？看不清楚吗？重新配一副眼镜好了。还是要特别为了你把字放大？"

这些字不断发出吵闹的声音，让永坤焦虑又懊恼。

"讨厌死了，我根本不想见到你们！"

永坤在心里埋怨着这些字。虽然其实不是字的错，而是自己与文字之间的关系，真的建立不起来。

每当老师要求自己把文字读出来，实在是令他生不如死啊！

理解、陪伴与协助学习障碍孩子

别再连珠炮似的抱怨了

在第一线的教学上，我们要非常谨慎地留意，是否不经意地将许多标签贴在孩子身上。比如这些常常听见的抱怨：

"人家都会，只有你不会。你就是不认真。你到底什么时候才会开窍？"

"你这种分数会把我们全班拖垮。我看，你要不要到特教班去？"

"不专心、不用心，你就是懒惰！"

"同学们不要跟他学，否则你们以后都会没出息。社会是很残酷、很现实的，如果不认真又不努力，连一个字都不会写，我看你以后怎么办。"

这些冷嘲热讽完全不会让孩子脑袋开窍、成绩突飞猛进，只会造成相反的影响。我们必须抽丝剥茧地了解孩子的问题所在。

责怪，对改变学习成绩真有帮助吗？

"责怪"是最容易的方式，因为一切错在对方，我们只出一张嘴。

但有一件事得好好想一想：责怪，对改变孩子的学习成绩真有帮助吗？

有人可能会说："因为孩子不喜欢被骂，就会努力。"我们往往天真地以为用骂的方式就有效果，成绩就会有突破。

但我要强调，学习障碍孩子的改变，单靠努力是不够的。

除非以符合孩子的学习策略为前提，否则只盲目地要求努力，孩子到后来只会越来越受挫，花了时间、心思，专注再专注，却没有达到预期的效果，只是在原地踏步、停滞不前。

我们需要找出符合个别情况的方法。每一个孩子因为神经心理功能的差异，所呈现出的特质都不相同，这也是为什么必须为每一个孩子量身定做学习模式。

孩子的压力，需要出口

引导孩子试着把心里面的感受、委屈说出来。

能够说出来，对孩子来说是一种很好的压力纾解方式。长期积压在心里，很郁闷，若能够说出来，也能让大人了解自己。

试着让孩子用自己的说话方式讲述。先不做任何评价，让孩子以自己所思考、所感受到的任何方法，试着说出来。

"我也不懂自己到底怎么了。我也很想要像其他人一样。可是我一直努力，依然没有办法达到爸妈及老师的期待。我也想弄清楚自己究竟是怎么回事，可是实在摸不着头绪，也没有人可以好好地告诉我。我只能承认自己确实很糟糕，但越是这么想，越发现自己果然像预想的那样，越来越糟糕……"

别再跟孩子抱怨"你太不认真"。有多少孩子非常认真，但是依然无法达到大人的期待。

孩子脑中的认知历程真的非常复杂，有时，往往连当事人都不清楚自己到底怎么了。我们先不要给予任何评判。

学习障碍孩子很容易衍生负面思考，常见的现象包括对很多事情陷入二分法，非黑即白，同时很容易以偏概全。语文成绩不理想，就认为自己其他科目的表现也一样糟糕。数学成绩不及格，很容易扩大认为自己日后念初中、高中、大学，数学都会不及格。

像剥洋葱般，一层一层地厘清问题

让我们像剥洋葱般，一层一层地厘清孩子真正的问题症结。

不要只是以偏概全地否定，那会使得孩子自我预言"反正我就是那么差""反正我就是学不会""反正不管我怎么学，都这么糟糕"……这解决不了问题，只会让问题更加复杂，情况每况愈下。

当孩子认定自己的成绩就是很糟糕，而考试结果也果真如同预料——越是这样自我应验，孩子就越容易出现自我放弃的念头，"我就是这样糟糕""反正我怎么努力都没有用"，最后真的放弃。

常常看到父母与孩子在"专注力"这点上，不断地拉扯、争执。请暂时先把"不认真"这句话抛开。认真是一种态度问题，但学习障碍是认知历程出问题，而不单纯只是态度问题。

我们往往将孩子的状况视为态度问题，责骂、要求、威胁利诱，但是这么做，无法解决孩子在学习过程中遇到的困难。

学习障碍复杂的地方就在于，每一个孩子呈现出来的样貌不尽相同。这也是许多一线老师及爸妈最大的挑战。孩子需要我们为他量身定做属于他的学习模式，并且加以搭配运用。

"老师，你可以把内容念出来让我听吗？我真的看不懂。我看书的速度很慢。不是我不爱看书，而是因为我阅读速度真的很慢，得花许多时间辨识字的符号形状，好了解那个字的发音到底是什么。

"看完之后，还得解释这些字的意思。常常看了一段，就忘了一段，同学都不晓得已经看到第几页了。

"帮帮我，先让我听懂再说，可以吗？先不要只是叫我阅读，因为我在阅读上真的有困难。求求你，拜托拜托！先让我听得懂，让我脑海里面有概念再说。通过影片也可以。文字对我来讲，真的很吃力。"

让孩子试着清楚地将内心的学习状态，一五一十地反映给老师。孩子都讲到这样的程度了，请把这些话当作一回事，找出替代的方法吧!

不要再死守"学习只能用一套方式"的观念。我们大人也不是这样学习的啊! 既然大人都懂得以自己擅长的方法学习，为什么一定要强迫孩子用他最弱的方式学习?

你可能认为孩子还那么小，还有很多机会能读懂。这个出发点或许看似给孩子一个机会，是对孩子的期许，这不为过。但我们得回到现实层面，通过这种方法，孩子在短时间之内就是学不会。

不能只是完全通过这样的方式。无法理解，没有办法在第一时间顺利地读懂，只会令孩子对阅读学习越来越反感、排斥。

找对方法，才不会白努力
——让家长、老师、学生走出无能为力的困境

学习障碍孩子的困境

做爸妈的，无能为力了。

映蓉在阅读时，很难一行、一行或一句、一句地看完。她不止一次告诉爸妈，读文字读得很吃力。有时整个段落里，认识与不认识的字相互交错，看似读完了，却读不懂其中的意思，更不必说下笔作答。

"我们花这么多心思和这么多时间陪伴，该提醒、叮咛或该教的，尽己所能。请家教、找资源、找在线课程，用了很多方法，但映蓉就是无法学会。你说，我们能怎么办？

"老师只是一句话，'孩子的成绩一直没进步。'然后呢？我们可以做什么？我们也一直不清楚到底哪里出了问题。每当映蓉望着考卷和作业，不为所动，我们做父母的心也像停止跳动，满是挫折。谁不希望自己的孩子有亮眼的成绩表现？"

映蓉的妈妈对着闺密倾诉，手上捧着冷掉的卡布奇诺，疲惫得不知该如何是好。

好多次了，女儿向她和先生反映："我真的学不会，非常痛苦，你们没有人可以了解我。书上的字，我真的无法读懂。没有办法，花了许多时间，还是看不懂这些字。你们再怎么逼我也没有用。"

听着听着，做母亲的她感到难过又不舍。"但书得念啊，你的考试还是会考，不然怎么办……"

导师隔三岔五地对他们说："你们真的要管管映蓉。你们看，她的成绩这么差，把班上的分数都拖垮了。还是她有什么特殊的问题？或者该去资源班、特教班？也许，体制外的学校可能比较适合她吧……还是你们想要考虑自学呢？"

导师的冷嘲热讽和不以为然的口吻，在映蓉父母的耳中是暗示着："我没有多余的时间教你们的女儿。班上99%的人都会，就只有映蓉学不会，问题出在哪里，很明显了。"

理解、陪伴与协助学习障碍孩子

"因材施教"是真理

好教的学生，大家抢着教。但其实基础好的孩子，不管由哪个老师来教，成绩都差不多。

关键在于，教育是"因材施教"，应该也要想办法让学不会的孩子学会。虽然这是老掉牙的观念，却非常重要。这也是我长期以来一贯的想法。

实际操作有助于强化理解

以听觉理解障碍为例，当孩子无法通过单纯地听来理解信息时，老师不妨试着利用其他方法辅助，例如从视觉、图像、实际操作切入，重新调整自己的讲解方式。

举例来说，孩子老是无法理解抛物线的概念，可以这么做——

"同学，接着！"你快速把球抛过去。"再退后一点。"再度把球以不同的角度抛出去。或者拿起水管，调整角度，在草坪上洒水，让孩子了解这就是所谓的抛物线。

孩子会豁然开朗地告诉你："老师，我知道了，就像我们在小便池尿尿时，也是抛物线。"

让孩子试着动手操作的同时，也可以逐一向他解释要教给他的概念。

资源班老师加入合作

学习障碍，实在是急了爸妈、苦了孩子，老师又爱莫能助。

教学现场很现实，面对充满异质性的学习障碍孩子，在普通班级里，一线老师除了既有的教学内容，还得重新设计出新的教学内容、课程教法、评价方式等，需耗费许多时间与心思。如果要求老师抽出额外的时间，对学习障碍孩子进行教学，是不容易的事。

不过，设身处地思考：与其他同学相比，学习障碍孩子的学习历程有明显的特殊性，在注意、记忆、理解、知觉、知觉动作、推理等神经心理功能方面出现异常情况。若我们坐视不管，眼睁睁看着孩子在学习这条路上渐渐地黯淡，最后选择放弃，这是非常可惜，也很无情的。

因此，要通过拥有特殊教育专长的资源班老师，与父母及普通班老师通力合作，协助孩子找到最适合自己的学习方式。

一直在原地、以原本的方式努力，是没有用的

"不要再叫我努力！我不想再努力……我非常努力了。在我的字典里，努力这两个字已经被我透支了。你们要我'再努力一点'，是不是在暗示我之前不够努力？但是事实并不是这样啊！"

我们自以为出于关心地提醒、叮咛孩子："你可以再努力一些，或许就有机会改变。"但现实并非绝对如此。就算增加了时间、心力，改变却微乎其微，除非针对学习的策略与方法量身定做，重新修正和调整。

在原来的地方、以原来的无效方式继续努力，只会耗费更多精力，让孩子更无力。当无效是零，乘以任何数都等于零。

当相关评估显示孩子在阅读识字能力上出现异常，是否还要将时间、心力与注意力全部投入其中？关于这一点，我持保留态度。就像赌博，押注全部身家等待翻牌的那一刻，输赢一

翻两瞪眼，但很容易血本无归。

你可能会质问："难道不用教孩子努力吗？难道要眼睁睁看着他放弃学习吗？"

当然不是。我强调的是要找出替代的方式，调整出符合孩子的学习模式。

谁想花了好多时间、吃尽苦头，最后却像是做无用功，不只原地踏步，学习成绩还可能一直往下落？没有人愿意如此。

我始终认为许多事情并非一定得怎样不可。无论输入或输出，每个人都有属于自己的模式，没有绝对的对错。但是，一定有最适合自己的模式。孩子需要我们陪伴着慢慢尝试，找到自己的学习节奏。

接受"付出不等于回报"的现实情况

许多学障儿的父母非常用心地想要厘清孩子的问题，检查听力、视力或感觉统合能力，评估智力，加强语文、数学能力等，花费许多心思、时间与开销，只想让孩子在学习上有所改善。

只不过很无奈，也很无力的是，付出并不等于能够适时获得应有的回报。不只孩子感到心灰意懒，父母也是如此，亲子被捆绑于彼此误解的困局中。

父母尽力了，孩子也是。大家都尽力了，没有人希望结局如此。

每天眼睁睁看着孩子埋首书桌，写着永远无法拼正确的字；孩子则面对自己与这些字永远拉不近的关系……实在让人于心不忍。

其实，"脆弱"也是我们的一部分。不需要勉强自己，期待自己一定要展现出无所不能的样子。

"比较"只会让孩子觉得自己不如人

"比较"，真令人讨厌，但是在学校里、日常生活中和未来工作中，这种情况是一直都存在的。

"比较"只是让孩子看见自己不如人的地方，不断强调弱点，以及在学业表现上的弱势。

不断地比较，使孩子不断被推向弱点的死角，只会一直关注自己糟糕的模样。一次又一次看着自己窘迫的样貌，久而久之，只会对自己产生更不好的负面印象，渐渐地沉沦，心灰意懒，反正再怎么努力也没有用，最后的结局都一样。

这将让孩子不愿意踏出家门，走进学校大门，因为总觉得迎面而来的同学，都在学业上压倒性地胜过自己。

"比较"，只会把孩子压得喘不过气来。

引导孩子调整想法，重新看待自己

许多大人会说："但总要解决问题呀！既然不想落后，那就要想办法让自己进步。"

这又绕到死循环里了，又是反过来要求孩子提升表现。

在学习障碍的议题上，我不断强调：要选择符合孩子的方式，因为每一个孩子在认知学习上需要不同的配套措施。

只不过这些不同的思考，对一线老师而言，是很耗费时间、心思与脑力的挑战。例如孩子无法顺利阅读，需要有人在旁边读题，教室里就得多出一份人力。

有些老师会强调："这不公平。其他人都自己看题目，为什么他需要别人帮他念题目？"

这份质疑，就是忽略了孩子在阅读上的局限性。

就像对于视觉障碍孩子，除非有点字或将字号放大的协助，否则我们不会要求他自己看题目。然而，我们却要求有阅读障碍的孩子自己看题目。

很明显，由于知道视觉障碍学生的局限性，所以我们对他的包容性及接纳度比较高。但是对于阅读障碍孩子，因为看不见他的弱点和局限性，甚至觉得他眼睛好好的、人也聪明，看个题目而已，根本不算什么问题。也就因为这样的误解，导致很多阅读障碍孩子一直被不适当地对待。

"自学"的两难

"我为什么不能留在自己班上？我不想转学，也不要待在家里。我想要回学校，同学们都在那里。"映蓉听说得在家自学，向妈妈抗议。

妈妈好声劝说："可是你不是常常跟妈妈讲，你不想到学校吗？"

映蓉心里很矛盾，她不想要的是学校的考试、作业和写字，但她在班上有一群很要好的同学做伴，并不想离开那个熟悉的环境。

可是留在班上，又痛苦难耐。

映蓉的心情很复杂，但总得做出选择。

对孩子来说，难道只有留下来或选择离开的二分法，没有其他的弹性方法吗？

"自学"是另一种选择，没有绝对的对错。

让孩子选择自学，是父母万不得已的一种考虑。有些父母对于自学有自己的一套想法与理念，甚至拥有资源、渠道和支持系统。

但很现实也很无奈的是，有时，家长不知道该如何在现有的教育体制里，为孩子争取应有的特教权利，或者经过努力争取，依然无法获得适合孩子的学习策略。

在自学的过程中，家长要投入的心力、时间以及所付出的成本代价，相对来讲是倍增的。不是每个家庭都可以承担或套用。

关于自学的思考，我们要考虑：阅读障碍、书写障碍、数学障碍孩子，是否要离开原先的团体，还是要留在现有的教育体制里？怎样才能让孩子获得应有的学习权利？

还有，自学模式要持续到哪个阶段？

初中、高中、大学……有一天，孩子终究必须回到一般的教育体制内，回归相关的升学与考试，到那时，是否会再次遭遇困境？

量身定做 "输入" 与 "输出"
——学障儿也可以是绩优股

学习障碍孩子的困境

"跟你讲了这么多遍，就是学不会。为什么这么不受教？！"

可勤的学习状况很糟糕，大人把一切都怪罪到她身上。可是，可勤实在也搞不清楚自己的问题。没有人愿意接受自己是笨蛋，但是如果不这么解释，她找不到其他的答案。

"我真的很努力，但为什么结果是这样？"没有人晓得可勤怎么了，连她自己也不知道。

周围的大人总认为她不努力、不认真和不专心，怪不得别人，所以一直用罚写的方法，罚写到她懂了、努力了为止。

如果学得会、读得懂和记得住，谁不想如此？偏偏以老师的教法，可勤就是学不会。

理解、陪伴与协助学习障碍孩子

别害怕孩子的学习"停损"

投资时，我们往往害怕停损，因为面对停损就得承认自己的失败，但停损却是必要的考虑。同样，当孩子有阅读障碍、书写障碍时，父母心里难免也有相似的人性折磨，终究希望孩子学习的趋势能持续往上攀升，就如同手中持有绩优股，令人安心、稳定。

但是，切记：孩子不是笨、不是能力不佳，也不是学不会，只是并不适合用文字阅读的方法进行输入学习，不适合用书写的模式进行输出表达。

你担心，孩子更忧虑；你恐慌，孩子更害怕

看见孩子的学习状态一直往下滑，我们便花更多时间、精力与心思，一心想要让孩子往下落的学习情况获得支撑。的确，我们耗费了许多心力，但不要忘了，对于孩子来说更是痛苦的折腾。

可以这样想：长期面对自己不擅长的事情，怎么可能有好的情绪状态？

如同加权股价指数不停往上涨，你却发现手中的股价一直往下跌，你的感受与孩子的困惑与恐慌是相同的。

把孩子的学习看成一种投资的隐喻，道理是相同的，反映的都是人心。

稳固孩子对学习的自信

如同在投资时，得适时留意手中股票的表现，经分析后，确认持股表现不佳，必要时，设停损出场、重新换股操作也是一种选择。关于学习障碍孩子的学习自信，我们也得适时留意。若采用 A 学习方式始终没有起色，孩子的自信显得摇摇欲坠，这时可以换个学习方式，如 B、C、D、E 等，重新调整自信持股的学习内容，让孩子的时间、精力与心思，投资在能够产生自信绩效的活动上。

若孩子在阅读上投入了相当的时间成本，但是阅读的情况不理想，我们必须检视孩子的自信能力，是否因此而每天"跌停板"，一直崩盘。

别让过多的挫折令孩子在学习上的股票下跌，最后如同壁纸。

投资的目的是想要长久稳定地获利，使未来的生活无忧无虑。学习，我想也是类似的道理。

花同样的时间，如何让孩子学得更快乐？

孩子花了好几个星期，甚至好几个月，终于慢慢学会写一些字，看似有一些书写上的进步，但是，投资回报率太低。

投入的时间也是成本。其实原本可以运用这些时间，让孩子通过打字、口述的方式整理脑中的想法，并且有效地输出表达，这有助于孩子对学习产生自信、兴趣及动力。

读与写确实是非常基本的能力，但是让我们先停下来，冷静地思考：读与写的真正目的与用意，到底是什么？不要为了读而读，也不要为了写而写。

根据孩子的能力，机动组合输出方式

若孩子在文字阅读上非常吃力，那么例行的考试，可以选择用"报读"的方式进行。

也就是说，根据不同孩子的阅读能力状况，可以进行不同的排列组合。假设报读的占比是70%，那孩子自行阅读的部分可能是30%。

由于每个学习障碍孩子的异质性，阅读能力也不一样，可以采取比较机动的排列组合。

阅读障碍、书写障碍孩子需要有一些弹性，同时让他了解大人懂他所遇到的困难是什么，而且愿意进行调整、修正，选择符合他的学习模式，帮助他达到应有的表现。

让孩子了解，呈现能力不是非得用什么方法不可。虽然自己在阅读上相对弱势，但并不放弃，也愿意给自己一个机会，能够调整多少是多少——这样的态度很重要，能让孩子清楚地看待自己输入及输出的组成方式。

如果孩子是一支绩优股，如此将能帮助他忠实地呈现自己的股价，获得亮眼的学业表现。

正确观念：阅读，是为了能良好表达

阅读、输入某些内容的目的及后续必须做的，就是把所吸收的内容，经过注意、记忆、理解、知觉、知觉动作、推理等神经心理功能处理后，以自己熟悉的方式输出，说出来、写出来、创作出来。

就像走进市场，想要做什么菜，在脑海里有大致的轮廓，目标设定明确；或是边逛边挑选，也逐渐有刺激与联想，想到今晚可以端出哪一道佳肴。

走进市场，你不会胡乱搜刮一堆蔬果放入购物袋，重重地提回家，然后摆在冰箱里不拿出来做，久而久之，冰箱被塞满，转动更耗电，东西放久也坏了。

我们很清楚买菜是为了烹饪（输出），不是为了堆在冰箱里。

阅读的输入概念也是如此，以输出为目的，否则存放在脑袋里不使用，时间一长，自然而然就忘了。

死记填鸭，根本无法消化

孩子不是鸭子，没有必要把他整个脑袋填满，也不必叫他囫囵吞枣。

若要求孩子死记，把课本内容全部塞进脑子里，孩子却不

知道存入这些数据到底要做什么，就像把一箱又一箱肉、鱼、蔬果直接买回家、存放到冰箱中，堆得满满的，消化不完。

再次强调，必须让孩子理解，输入的最终目的就是要输出。就如同在生活中、工作上，无论用什么方式转化，目的在于以自己最熟悉的方式运用、产出，实现熟练输出。

当孩子懂得以适合自己的方式提取脑中的想法，对于所接触的事物，也将产生更多乐趣及动力。

你的看见与肯定，带给孩子动力
——友善对待的重要性

学习障碍孩子的困境

在原班教室里，没有人想和自己说话，因此一下课，伟良就会跑到资源班，寻找同温层的友善对待。

在这里，除了学习障碍同学，还有注意缺陷多动障碍、智能障碍、自闭症、选择性缄默症和妥瑞氏综合征等情况的同学。每个孩子都有自己的问题，谁也不会取笑别人。

在这里，伟良内心感受到满满的温暖，终于感到自己能够被接纳、被支持，以及被看见，至少不像隐形人般被忽略或成为被嘲笑的对象。而且，同学们往往会主动和自己聊天。

"伟良，你怎么有这个？好特别的图案啊！"小格两眼睁得大大的，很讶异。

"这是我画的宝可梦卡片。"

"哇！画得这么像，我还以为这是印出来的。"

"我可是一笔一画慢慢画的。而且我跟你说，这个名字是我自己想的。"

"难怪，我总觉得这个名字没听过。你真的好厉害。"

"没有啦，我只是看得比较多而已。"被小格夸奖，伟良的脸像苹果般红透。

"可是……可是……你不是不太会写字吗？"

"我是有很多字不会写，字就是照抄而已。但我看得懂图喔。"

"这也很厉害啊！崇拜崇拜，偶像偶像。"

"哇，你画的是什么？"资源班老师靠过来，"你画得好逼真，好用心。老师看得出来，你观察得很仔细，把每种用色和配色，还有轮廓、细节和构图都画得惟妙惟肖。"

被老师这么一夸，伟良的脸又红起来。

要把这些图好好地构思出来、画下来，实在很不容易，至少伟良做到了。

只不过，画画的能力，在原班没有人会特别注意，还常被导师当众纠正："你画这些乱七八糟的东西干吗？该写的字、该读的书，老是学不会。画这些东西能当饭吃吗？简直是莫名其妙。"

对于导师的不以为然，伟良心里很不服气。"你才莫名其妙！你根本不懂这些东西！"

导师对自己的画作没兴趣，但在资源班，自己会被接受、被看见，也被肯定。

理解、陪伴与协助学习障碍孩子

让孩子看见自己的亮点

每一个孩子都有值得被肯定的地方，我们不妨试着从一些小地方回应，让孩子有机会看到自己最独特的部分。

试着接纳每一个人现有的特质，每个人的生活、生存和意义都不尽相同。我们大人怎么思考，也决定了孩子怎么看待自己。

请不要和孩子强调读书、写字不重要，读写能力当然很重要，毋庸置疑。不过，我们还可以让孩子知道，除了阅读、写字，还有其他方式能了解这个世界，只要找到适合自己的方法，不见得一定得选用哪一种模式。

学障儿不是生病，是神经心理功能异常

提醒自己，学习障碍孩子不是生病，而是出现神经心理功能异常，如注意、记忆、理解、知觉、知觉动作、推理等认知历程的运作不同。

每一个人都有各自存在于这个社会最适合的方式。

请将"非得如何不可"的想法抛开。我们给了孩子太多框

架与设定，真的必须摆脱这样无理的要求。

请允许每个孩子在输入或输出上有属于他的学习方式。跳出每个人都得一样的模式，尊重每个孩子独特的能力。

孩子没有错，绝对没有错，不要再过度强调孩子不努力，越说，只会让孩子越容易自我放弃。

学障儿不擅长学习，就像有人就是不会画画

我很庆幸，在一般的教育体制中，考试并不是用画画决定的。我们家六个人，说起画画，我确定是在家中排行最后的。

在家里，我母亲、太太和三个孩子，随手拿起笔，大概都可以画出个样子。而我年过半百，依然只会画火柴人，可能连两三岁的孩子都不如。

不会画画，对我的人生有什么影响吗？一点也没有。

比较幸运的是，我的弱点并不是教育体制强调的项目。然而，学习障碍孩子的运气就没那么好。

有些孩子在书写上的确有困难，有些笔画、有些字，提取没那么容易。写出来的字，自己看不懂，别人也看不懂，就算再写第二次，写出来的可能还是不一样。这么痛苦的提取、这么痛苦的书写，这些孩子却想躲也躲不了。

对于画画的无能为力，我双手一摊，笑笑就算了。但是，无法顺利书写的孩子很难笑一笑就没事，因为会遭到同学的冷嘲热讽，没有人想要跟他走得近。

在班上，大多数同学的纸笔测验分数，大概是他一学期几

个分数加起来都还达不到的高度。

书写这么困难，到底出了什么问题？这也是我们必须要仔细看待的。

有些孩子的书写表达就是有困难，就如同要我通过画画表达内心的想法、对事情的看法，我只能举双手投降，而且是长久的投降，因为除非哪一天开窍，否则我真的做不到。

对孩子，找回你我的"包容心"

没有任何人是一模一样的。也没有所谓的正常、不正常。二分的世界多乏味，也没人味。

觉得自己跟对方相同或不同，关键在于"我们比较的到底是什么"。

你认为的一样、正常，从另外一个角度来看，可能正好相反。我们都太过相信自己所看见的，却忽略每一个人在各自的视角上可能有盲点。

我喜欢吉竹伸介的作品，其中，《看得到？还是看不到？》（みえるとか みえないとか）这本书，很适合作为融合教育的读本，与孩子分享，也很适合一般老师与父母阅读。

通过这本书，我们找回了久违的包容心，开始接纳身旁和自己不一样的孩子。

不一样，又怎样？有时我们只看到对方的局限性，却忽略了他们所具备的优势。

对于他人的弱点，我们往往不以为然，太容易以自我的标准评断他人的价值，却忽略了这可能是源于自己视野的狭隘与心态上的局限性。

第六章

学习障碍孩子的特殊需求

老师，请别再说"不公平"
——学障儿应有的特教权益

学习障碍孩子的困境

面对第一道题目，允胜就卡住了，实在不知道接下来该如何是好。

"怎么办？第一题就卡住。"

眼见其他同学在考卷上唰唰作答，允胜紧张地挠着后脑勺。常常像这样，对着题目，读着读着就卡住。

"好吧，先放弃这题，跳到后面的题目看看。"

第二题……算了。直接跳到第四题，看到一半，视线扫到第七题，看了后半段，再跳到第八题中间……最后，他索性将头埋在考卷里。

"现在在考试，允胜，你在干吗？把头抬起来。"老师在讲台上用力拍打着课本，但允胜依然没有抬头，心里在想："卡住了，卡住了，卡住了。"

他一直很纳闷，为什么别人可以这么快速地一题一题作答，自己却容易卡在题目之间。这种卡住的感觉，就像喉咙里卡了一颗坚果而窒息一样，很难呼吸。

但没办法，无法解题就是无法解题。他花了好多时间和心思，无奈的是面对题目，他就是不懂题目到底是什么意思。

允胜有读写障碍，但是，老师对此不以为然。

同学们继续作答，只有自己没有进展。

"算了。反正每次结局都是一样，再怎么耗时间，结果都一样惨。"他已经预见凄惨的后果。

每次都是这样：成绩不及格，在班上的排名垫底，除非那次考试有人请假没有来。

想象一下，当孩子卡住，无法继续阅读考试的题目，若继续暴露在这样的状态下，会让他多么煎熬——花了时间，但是回答不出来，不会就是不会。"放弃"是唯一，也是不得已的选择，虽然身不由己，但又能如何。

在此，我要再次强调：这些局限性，并不是孩子自己愿意的。不要再怪孩子。因为这不是态度的问题，而是"神经心理功能异常"的问题。

大人的一声"笨蛋"，不但没办法解决孩子的难题，反而会把他推到谷底。

理解、陪伴与协助学习障碍孩子

学障儿承受着巨大的学习压力

孩子的态度消沉，我们必须试着厘清是否存在认知历程的问题，不要只是一味地在"态度""认真"或"专注力"上打转。如果没有办法进一步地清楚化解关键问题，而一味地误以为是孩子的学习态度有问题，孩子当然会越来越消沉。

每个人都需要喘息，都需要一个可以接受自己状态的学习环境。在不友善的学习环境中，孩子被迫配合大家，一旦学不会，就得承担代价与后果——成绩垫底。

然而，我们无法看穿孩子的脑袋是如何运作、如何思考的，以及他在整个学习过程中到底遇到什么状况。

因此，别只看考试分数的高低，这对于了解学习过程的帮助相当有限。不过，我们可以试着拆解孩子写考卷、作业的作答方式，这有助于了解他的认知历程。

我常常建议家长，孩子考完试后，请老师帮忙，在要求孩子进行订正之前，先将原始考卷拍下来。

把考卷搜集起来，从中了解、评估孩子正确答题与错误答题的内容，有助于知道孩子的困难之处是什么。

从分数的波动，看见孩子的困难所在

每个孩子学业分数的波动不同。有些孩子在每一个小单元能够获得高分，然而当这些单元组合起来，例如期中考、期末考等大范围考试，就明显考得不好，问题明显在于"汇整能力"出了问题。

如果以数学为例，单元 1-1 获得高分，单元 1-2 获得高分，接着把单元 1-1、单元 1-2 做一次综合练习，在学到单元 1-3 之后，再把单元 1-1、单元 1-2、单元 1-3 综合起来……如此，逐渐扩大范围。通过这个过程，让孩子慢慢熟悉越来越大的范围，同时能了解是否因为范围拉大，而容易在提取记忆上出现困难。

以语文为例，孩子获得 70 分，分数的组成主要是选择题、判断题和连连看，所得到的分数大都落在不需要书写文字的题型上。至于错误被扣的分数，例如造句与作文，就必须思考是否需要进一步地加强组织能力。

再次强调，每个孩子的情形不完全相同，需要逐一按照每个孩子实际的情况进行了解。

你可能担心自己实在无法解析考卷、作业等输出的内容，怎么办？关于进一步作答的解析，可以寻求学校的资源班老师、心理评估人员及医院的专业人员，例如职能治疗师、语言治疗师、临床心理师及相关的医师，如儿童心智科、复健科、神经内科等医师协助。

特殊需求孩子的考试，有四种情境

关于特殊需求孩子的考试，可以画出一个"田"字，分成四宫格（如下图）。

［在原班］ 考原班的考卷	［在资源班］ 考原班的考卷
［在原班］ 考资源班的考卷	［在资源班］ 考资源班的考卷

这四种情境考虑的主要需求不尽相同。每种选择的考试内容与考场的安排，必须考虑到孩子实际的身心特质。这都需要我们非常细腻地考虑，给予孩子不同程度、不同内容的协助。

◎在原班，考原班的考卷

这种状态主要是考虑孩子在应考上不需要特殊协助，而采取与一般同学相同的要求。在这种情况下，孩子凭自身的能力、努力与准备等做出表现。

◎在资源班，考原班的考卷

例如阅读障碍孩子，因阅读上的困难而需要报读服务，便会做这样的安排。或者孩子有书写障碍，需要通过其他方式进行评价，比如口头报告或用计算机打字，也会选择在资源班考原班的考卷。

妥瑞氏综合征孩子在考试期间容易紧张、焦虑，在原班考试时，很容易出现不自主的抽搐、发出声音，或因为过度紧张，不时出现抽动动作。除了令自己极度焦虑，也会对考场秩序产生干扰，因此，有些孩子会被安排到资源班或辅导室进行考试。

由于孩子的水平可以应付班上的学业要求，所以所填写的考卷与原班是一模一样的。

◎在资源班，考资源班的考卷

主要考虑到孩子学科能力的不足，因此由资源班老师设计考卷内容，在考试的过程中抽离出来，到资源班应考。

◎在原班，考资源班的考卷

在原班考资源班的考卷，主要是因为孩子的认知水平相对比较低，在考卷内容的设计上，需要经过调整。如果考原班的考卷，孩子会有明显的挫折感，同时作答的错误率很高。

为了提升自信，且以符合孩子水平的需求设计，因而让他做资源班老师特别设计的考卷。

例如有些特殊需求孩子，对于别人看自己到资源班考试的异样眼光敏感，或者抗拒到资源班考试，不想和别人不一样，认为应该留在原本的教室考试，而选择在原班考资源班的考卷。

看见孩子的真正需要，才能接近公平地善待他

阅读障碍孩子在安置辅导上，针对考试方面，最常提出的需求是接受报读服务。报读服务在执行过程中，往往由资源班老师、校园志愿者或教师助理进行协助。

但有些普通班老师认为报读不公平，"为什么其他孩子是直接进行纸笔测验，这位同学却要给他特别待遇，帮他报读？"

什么叫公平？

如果孩子在阅读上就是出现困难，我们又如何要求他通过一般的模式进行考试？那公平又何在？

老师愿意接受阅读障碍孩子需要报读的服务需求，孩子就有机会展现他所具备的能力，而且可以被合理地评估出学习成效，这也是一种极趋近公平的对待。

教育工作者真的不能觉得多一事不如少一事。不能只期待教到聪明、好教的孩子，却对有特殊需求服务的孩子心生排斥、嫌恶或畏惧。

若我们能够看见这些孩子的真正需要，在心态上，也比较容易倾向让孩子获得应有的权利。

学习障碍并非单纯是专注力问题
——及早发现异样，把握黄金时机

学习障碍孩子的困境

"不要再叫我写，我不要再写了！"信宏把作业本整个撕开，纸张撒满地。

"你在干吗？只是叫你写字，生什么气？"妈妈气急败坏地说，"你给我捡起来！"

但是信宏不为所动。

"你这个孩子越来越不像话！"

信宏变了。在妈妈的印象中，温和、乖巧、贴心的小男孩，曾几何时变得很不耐烦而浮躁，不再是进小学前，那个聪明、开朗、活泼，对事物充满兴趣与好奇的孩子。

如此的转变，却有迹可循。

依照规定，幼儿园是禁止教拼音的。但是学校往往采取游戏的方式，变相教授拼音。

信宏还在上幼儿园时，老师就发现不对劲，提醒家长他在学习拼音时，拼读和辨识方面掌握得不是很好。不过，信宏的爸妈听了不以为意，心想上小学之后，有十周的时间，老师会教拼音，到时再学也来得及。幼儿园阶段就好好玩，快乐学习最重要。

然而，小学的十周过去之后，一年级的琇岚老师眉头深锁，纳闷地问信宏妈妈："幼儿园以前没有教拼音吗？其他小朋友都已经跟上进度，怎么信宏的拼音还是错误一堆，连一声、二声、三声、四声都常常搞不太清楚。"

琇岚老师观察到信宏的资质是好的，简单来说，就是这孩子不笨。看着他的眼睛，骨碌碌地明亮，聪明得很。但为什么他就是学不会？每回要求他拼音、写字，他都表现出对立反抗，很逆反。

"信宏妈妈，你们要不要考虑带信宏去医院评估，听听医生怎么说？否则以他现在的拼音水平，长久下去，对他绝对不会是好事，之后的落差会越来越大。我发现面对作业和考卷，他连动都不动。"

琇岚老师说得很实际。

"教室里，班上有那么多学生，我没办法只照顾他。但为了信宏的未来，建议你们最好带他去医院评估。"随后，琇岚老师还不忘补一句："我不认为他笨，但专注力似乎有问题。看是不是需要吃药？"

理解、陪伴与协助学习障碍孩子

刚上小学的前十周

到底要不要让孩子提前学习拼音？这是许多父母及老师内心的冲突。

我们希望孩子在学龄前，能够自由自在地通过不同的学习方式了解生活经验，同时通过视觉、听觉、嗅觉、触觉、味觉等五种感官的刺激，实际体验及感受、了解周围的世界。

抽象的拼音，是否需要在这个阶段就教给孩子？我想，这是许多教育工作者及为人父母者心中的疑问。

比较残酷的是，一入小学的前十周，孩子就必须以最快的速度了解拼音。有些孩子的学习速度稳定，在这段时间可以顺利达到应有的学习目标。但有些孩子并不能那么顺利地在这段时间完成。

在理想与现实之间，有一些拉扯。孩子进入小学前，如果没有办法顺利学会辨识拼音，到了小学的普通班级，老师可能无法个别处理孩子进度缓慢的问题。

在这种情况下，孩子会逐渐发现自己与其他同学在学习上，开始出现明显的落差。拼音、阅读、识字及书写出现困难，渐渐地造成学习低成就，压力因而快速累积，让孩子开始怀疑自己是不是能力不足。

大班后段，能否朗读有拼音的绘本？

实务工作中，我会考虑孩子在即将进入小学的大班后段，特别是七月和八月这段时间，能否顺利朗读附有拼音的绘本，以掌握其拼音水平是否足以应付小学一开学的要求。这并非揠苗助长，而是在现实的教育中，就是会要求孩子具备这些读、写能力。

如何在学龄前，嗅到孩子在辨识文字、阅读方面可能出现的困境？

不妨试着观察在认识、辨识及指认拼音的过程中，孩子是否有困难，需要花费更长的时间学习，甚至在拼音的拼读、书写上，一直没有改善。

提前的敏感度，有助于谨慎地留意孩子未来进入小学之后，在这方面是否有能力上的障碍。

并非所有问题都在专注力不足

阅读障碍与书写障碍，是否无"药"可救？

注意缺陷孩子有利他能、专思达、思锐等药物，可以考虑是否接受药物辅助，以有效提升专注力。除非学科基础实在落后同学太多，不然专注力获得改善，学习成效往往有翻身的机会（但我还是要强调，数学不会，吃了利他能、专思达、思锐还是不会，只是比较容易被教会）。

不过，阅读障碍、书写障碍孩子的问题，并非单纯是专注力问题。有些孩子在符号辨识、译码、理解、记忆与提取上，明显有困难。对于横、竖、撇、点、捺、钩、折等笔画，简直像遇见被猫咪调皮玩耍后的毛线球，纠结成一团般的混乱，这种情况，不单是保持专注力便可以顺利读写。

同样，也绝非只要告诉孩子"认真一点，仔细看，好好写"，他就开窍了。

别错过黄金期的介入

有些孩子很容易因为被大人忽略了学习障碍特质，持续地进行无效学习，长期下来，导致学业上的低成就，造成学科基础能力明显不足。

可惜的是，虽然这些孩子最后取得学习障碍的特教身份，班上老师也做了调整，但除原本的听、说、读、写、算问题之外，在学科基础上落后非常多，到后来，纵使调整学习策略，学习进度也始终毫无起色，短时间内很难追上来，久而久之便放弃了。

老师认为："我已经做出调整，也改变了教学方式，还允许你用报读、听打的方式，怎么你还是没有办法表现出应有的水平？"

孩子也开始质疑，甚至确信："我就是笨，我就是糟糕！我想我永远就是这副德行。"

学习障碍孩子最可惜的是，他们的问题长期以来都被忽略，渐渐深陷学业低成就的洞底，越到后面想要拉他一把，难度变得越大。

孩子原本是有机会的。如果我们能够敏锐地在适当时机发现异样，以及实际存在的听、说、读、写、算问题，并且给予适切协助与调整，孩子应该有机会逐渐追上应有的学习进度，同时燃起内在学习动力，慢慢了解学习的方式可以很多元。

但是我们错过了这些关键时刻，孩子便慢慢地放弃了自己。

要求学障儿"和大家一样"，是强人所难

阅读障碍孩子很无奈，明明看得很仔细，但笔画的排列组合如同天书，他看不出所以然。

在这种"我不认得字，字不认得我"，彼此也没有想要好好认识的情况下，大人们又不时催促"认真一点，好好努力"，的确是强人所难。

你说："不然怎么办？该学的还是得学啊，否则怎么应付功课？"

我们总觉得孩子得迎合、配合现行教育体制的要求。这很现实，孩子躲不掉，因为不管有什么神经心理功能异常，我们就是要求他得和大家一样。

所以，别再要求"大家都一样"。学习障碍孩子的辛苦，往往就是由此而生。

请给予适合孩子的学习方式，不要再执着。这种执着，不

只辛苦孩子，也辛苦大人自己。人生真的不是非得如何不可。

别再为难孩子，也别再为难自己。

让孩子知道，我们正和他一起寻找属于他的学习方式。天下无奇不有，方法是人想出来的，学习的渠道与呈现方式也是人设定的。

这条路不通，并不等于其他的路也不能走。如果你愿意接受人生的道路有很多条，学习的道路也是一样。

先求有，再求好

我们希望孩子逐渐找到自己的模式，就像我在创作一样，也逐渐找到了最适合自己的方式。

我常常和读者分享自己的创作过程，先用语音输出的方式，将脑海里的东西大量输出，能够先让自己安心。就像确定冰箱里已经塞满许多食材，接下来就是好好烹饪、润饰、排列组合，再神奇地端出美味佳肴。

我的思考转速很快，想法很多，但是手写速度非常慢，会让我原本的思绪产生停顿。计算机打字的速度快很多，但我需要情境，如平稳的桌面、特定的光线，这对我来说很重要，也很关键。带着笔记本电脑到处移动，并没有办法让我达到最好的写作状态。

试着找到最适合自己的方式，不要一概而论。

先求有，再求好。

找出孩子问题的症结点，相对优势与弱势的能力，再慢慢地以不同比例的搭配进行输出。

再次强调，孩子不是不需要写字，但可以不用 100% 都用写的方式输出。例如 80% 说、20% 写，或 40% 说、60% 写。

这个百分比可以根据孩子的状态做调整，重点是找到一种最适合他的组合方式，这才是关键。

动辄得咎，别踩到那条"火线"
——学习障碍与阿斯伯格综合征的鉴别

学习障碍孩子的困境

"这位同学，上课了，你怎么还在走廊上晃来晃去？赶快回教室上课。"对于教导主任的提醒，少廷一句话也没回应。教导主任又说："我在跟你说话，眼睛怎么不看我？"

少廷的眼神四处飘移，透着焦虑及不自在。

"赶快进教室上课，不然主任带你回教室。"

话一说完，教导主任瞬间拉住少廷的手臂。少廷奋力甩开，并且尖叫起来。"不要碰我！"

犀利的叫声引得教室里的同学纷纷往窗外看。

"你这孩子怎么搞的？谁像你这样逃课不进教室的。现在马上给我回教室！"教导主任抬高了音调。在这个校园里，敢违逆他旨意的孩子少之又少。

少廷又尖叫起来："啊……啊……啊……"高八度的尖锐叫声让教导主任感到耳中一阵刺痛。

少廷随即往操场旁边的大象滑梯跑过去，躲了起来。

"这孩子到底是哪个班的？"

　　教导主任刚才没有特别注意孩子的学号，心里在想到底要不要追过去。火气已被撩上来，生怕如果冲过去，在拉扯的过程中，可能会产生冲突。但是基于校园安全的关系，又不可能在上课时间，让一个小学生躲在滑梯底下。

　　在追与不追的两难抉择下，教导主任心想："明明有学生不在教室里，为什么任课老师没有出来找？如果发生校园安全问题，到时候又要推给谁负责呢？"

　　大象滑梯底下，少廷把头埋在外套里，内心很矛盾。他知道这堂是数学课，但非常讨厌常常纠正他"这题错""那题不对"的数学老师。

　　他原本并不排斥数学，但因为不喜欢数学老师，在"非黑即白"的固着性作祟下，最后的一念之间像开关切换，索性不回教室。

　　然而，他又很担心没在教室上课，老师会传消息给爸妈，回到家又要被限制玩手机。

　　在上与不上数学课之间，少廷心里面的小剧场一幕一幕地连续放映着，心里很乱。

理解、陪伴与协助学习障碍孩子

学障儿伴随阿斯元素

实际咨询中，我常常发现在阿斯伯格综合征孩子身上同时伴随着学习障碍的问题。

有些孩子在课业学习上，无法完整表达或不愿意说，但是在日常生活中或对于感兴趣的话题，则说得头头是道，不仅组织能力完整，词汇的使用也很丰富。这点在阿斯伯格综合征孩子身上表现得更为明显，他们在叙述自己感兴趣的领域，如天文、动植物、交通工具、恐龙等时，所使用的字眼有时甚至超出我们的理解。

◎非黑即白的"二分法"

孩子的数学成绩在班里持续垫底，虽然数学成绩不好，基础概念薄弱，但并不等于有数学障碍。

阿斯儿很容易因为讨厌一个人，进而讨厌这门课，而将学习的大门关闭起来。

这些孩子对于人、事、物，很容易采取非黑即白的二分法：不是接受，就是完全排斥。而且对于厌恶、排斥的事情很容易扩散情绪，比如原本只是不想上数学课，进而整个上午、整天或整个星期不上课，最后甚至完全不愿意到学校去，会有这种极端反应。同时对于自己相对较弱的能力，也往往以偏概全地把学习动机的铁门完全关上。

◎关注"跨情境"的表现

再次提醒大家，要回归孩子基本的听、说、读、写、算等基础学习能力，进一步观察，假如孩子的确有学习障碍问题，你将看到跨情境问题的存在，也就是他对于特别感兴趣的内容，还是会遇到困难。

学习障碍的问题通常比较广泛，阿斯伯格综合征的问题则比较针对特定情况，例如孩子不接受数学老师，产生排斥，接下来对于数学的相关作业、考试等，接触的意愿也明显降低。

这是否就代表孩子的数学能力和基础不好、有问题？答案先暂时予以保留。孩子长期不愿意接触课程，确实会导致在数学的基础概念上，容易明显地落后于同学，不过这不等于他的听、说、读、写、算有问题。

◎是否有关键的"固着性"？

至于孩子是否出现书写障碍，若发现孩子对于感兴趣的特定议题能够充分写下来，但是对其他不感兴趣的领域不愿意作答，或者是写得意兴阑珊，就必须把焦点摆在是否在兴趣上产生固着性。这部分的解读偏向阿斯伯格综合征的议题。

学障儿与阿斯儿的区别在于，后者有固着性及社交上的困难。而学障儿的社交困难主要在于因学习低成就，导致可能被同学排挤，并不全然出现像阿斯儿那么明显无法解读或错误的解释。

同时，阿斯儿的固着性很明显，学障儿则没有类似的情况。

◎厘清"输出"与"输入"的情况

阿斯伯格综合征孩子通常对于特定或感兴趣的议题能够侃侃而谈，口语表达、词汇运用与逻辑推理等能力非常完备。如果采取录音或语音输出的方式，犹如出现一篇又一篇完整的文章。有的孩子也可以通过书写把内容写下来或通过打字完成一篇文章。这种情况下，孩子的输出能力并无明显的异样。

再进一步观察孩子在学习过程中，大都通过什么样的方式进行输入，是图片、影像、文字还是听觉输入？试着厘清孩子的输入模式，是否比较依赖或擅长某些渠道。

再次强调，这些模式没有绝对的好坏，只是要借此让我们能够抽丝剥茧地了解实际情况，并不等于要求孩子一定得用什么样的方式进行输入。

虽然在发展上，文字阅读非常重要，但教育并非只有阅读文字。

学习障碍孩子有其中枢神经系统的特殊性，甚至终其一生，在某些方面可能都非常吃力，而无法达到应有的水平表现及期待。后天脑伤导致的学习障碍则有所不同，比较容易改变，特别是在脑伤逐渐康复的时候。

◎阿斯儿与学障儿的共病

有些阿斯伯格综合征孩子同时伴随着阅读障碍、书写障碍。在整个陪伴过程中，难度相对地提高许多。

阿斯伯格综合征孩子对于不容易挑战的事情，往往采取回避的态度。

同时，因为固着性，导致他们对于不擅长、不熟悉和不感兴趣的事情，产生明显的排斥，对于被要求也会产生极度的反感；并且容易以偏概全，将厌恶与喜好采用井水不犯河水的二分方式切割出来，并扩散出去，演变成喜欢的就更喜欢、讨厌的就更讨厌。

◎阿斯儿按自己的内定程序走

阿斯伯格综合征孩子希望能按照既定的上课流程走。例如原本我们希望将一些课抽离出来，让孩子进行阅读、书写训练，但是除非这些课程原本就已经按计划做了调整，孩子会比较容易接受，否则要他从原班抽离，孩子会产生抗拒，因为这打破了他的固着性，且他又得花时间适应与相关老师之间的互动。

对于双重障碍的孩子，例如阿斯伯格综合征与学习障碍，在介入上，得先从阿斯伯格综合征的关系建立入手。若关系没有建立好，后续要给予一些协助，很容易踢到铁板，而且是很大一块铁板。

三重身份的组合：阿斯、资优与学习障碍

还有一种情况是，阿斯伯格综合征、天资优异与学习障碍同时存在于同一个孩子身上。这样的孩子在特定领域可能更加投入，表现可能非常突出，同时也会因为他的学习障碍问题而打折扣。在这三重身份的组合中，比较容易被忽略的是学习障碍的问题。

另外一种常遇到的情况是，同时伴随阿斯伯格综合征、学习障碍与注意缺陷多动障碍。

由于每一种类型的孩子身心特质的组合不一样，因此对于这类二合一、三合一的组合型孩子，在介入与陪伴上，将面临加倍的挑战。

诊断是一种沟通，要试着熟悉每一种类型孩子可能存在的特殊议题。

关于注意缺陷多动障碍，可以参考我的作品《301个过动儿教养秘诀》。阿斯伯格综合征可以参考《不让你孤单——破解亚斯伯格症孩子的固着性与社交困难》。天资优异，可以参考《资优生教养的头痛问题》。

教养不容易，特别是对于特殊需求孩子的教养，更是难上加难。

对每一种类型的孩子有基本的了解，就比较容易进行彼此的排列组合及鉴别。

"成绩那么好，哪来的障碍？"
——天资优异伴随学习障碍的误解

学习障碍孩子的困境

士达从小学到初中，成绩一直都是班里前三名，虽然自知在阅读上有些吃力，需要爸妈先把内容录下来，因为他用听的方式比较容易理解，但是课业对他来说并不困难。然而，上了高中资优班之后，一开学，成绩就连跌几个跌停板而垫底。突然间，士达对自己的天资优异能力怀疑起来。

学习上，他依然需要通过爸妈特别准备的影音补充数据，才有办法理解学科内容。单纯从文字阅读切入，他很清楚对自己行不通。但因为从小就在班里名列前茅，因此没有人知道他的阅读能力有多糟。

高中的功课量越来越多，学科内容越来越难，资优班同学的水平比想象中还优秀，个个都是英雄好汉，自己似乎成了唯一的狗熊。

然而，如果要提出自己患有学习障碍，资优班老师及同学一定会不以为然地质疑：成绩落后，就想要开外挂，争取加分的权利？

小学三年级时，爸妈曾经向当时的导师反映士达在阅读上可能存在的问题，却换来导师在班里对着全班同学讪笑。

"拜托，他哪有什么障碍的问题，成绩这么好。如果士达有障碍，那其他同学不就是障碍中的障碍、障碍 plus？"同学们听了都在笑，老师又摇头，"士达，你爸妈真是瞎紧张啊。如果这样就叫障碍，那我们班肯定是特教班的。"全班又笑了。

但这很难堪，一点都不好笑。

现实是，由于士达的成绩在班里名列前茅，所以老师无法理解他到底有什么问题。在老师的观念里，成绩不理想的同学才需要到资源班寻求协助或是到课后班进行课业补救或写作业。

理解、陪伴与协助学习障碍孩子

学习障碍与学业成就，并不是对等的

请避免认为学习障碍孩子就一定成绩不好，或者成绩不好的孩子就一定有学习障碍，甚至误以为成绩好的人就没有学习障碍。

以上这段看起来拗口的话，重点在于学习障碍与学业成就并不是对等的。

有些孩子在学业上并非低成就，事实上却有学习障碍，这点反倒被忽略了，因为有些孩子可能资质相对高或是父母在私底下做了许多努力。然而，这样的孩子就不需要特殊教育的协助吗？当然并非如此。

看待学习障碍孩子，不能单从学业低成就切入。虽然学业低成就往往是发现孩子可能有学习障碍的筛选渠道之一，却也是孩子被误解的原因之一。

造成学业低成就的原因有很多，有待我们进一步厘清，切莫把所有低成就都解释成学习障碍，否则可能导致许多孩子被忽略，甚至资源不断被误用、滥用，反而让真正有需求的孩子没有得到应有的帮助，学习障碍孩子很容易因此被忽略。

在特殊教育中，有双重特殊教育学生的身份，即孩子同时有身心障碍与天资优异这两种身份，需要思考该如何在课业学习、教学及社会情绪领域等方面提供协助。

我们很容易直接从学业表现来判断孩子是否有学习障碍的问题。但这样很容易误判，而将学业成绩表现不理想的孩子贴上学习障碍的标签。事实上，这是两件不同的事情。

这些孩子和大多数成绩不理想的学习障碍孩子刚好相反，他们在课业成绩上能够保持一定水平，老师与父母往往也不认为孩子有什么问题。

但孩子实际上却有听、说、读、写、算等认知方面的问题，只是具备天资优异的条件，可以通过其他相对优势的能力，取代或掩饰自己相对弱势的部分。

例如有的孩子在文字辨识上有困难，对某些字的符号特征无法判读、辨识，但可以尝试通过上下文猜测解读。

你可能有疑问：既然功课都可以保持在水平范围内，为什么要强调孩子学习上哪里有问题？

但我们无法想象的是，这些孩子在学习过程中是非常吃力与痛苦的。我们只看到孩子的成绩与结果，却忽略了在这个过程中，他是多么困难与辛苦。

其实，孩子可以表现得比目前我们所看到的更加优秀。现在所看到的，是打了折扣后的成绩。

打了折扣的分数

对于具有双重特教身份的孩子，例如学习障碍再加上天资优异，很容易出现一种情形：孩子非常认真地进行课业学习，但所取得的成绩，往往比原本预期的打了折扣，也许六六折，也许七九折。

虽然孩子在智能上呈现优异表现，但并不等于没有遭遇阅读、书写上的障碍，他依然在整个输入或输出的过程中，承受不为人知的困扰及痛苦。同时，由于输出及输入的问题没有被解决，也没有被发现，很容易让孩子的表现大打折扣。

这里并不是要强调学业成就多重要，但至少要让孩子能够好好地发挥应有的能力。

这还是受限于阅读障碍程度，花了同样的时间，却没有办法达到应有的水平，特别是功课量开始变多，更令孩子吃足苦头。

如果再加上周围的人和自己同样是资优生，资优特质就无法被凸显，因为班里同学的智商都在一定水平以上，考试成绩一翻两瞪眼。这会让一些孩子一直陷入落后的状态。孩子自己也想要有像样的成就，就会不时思考是否该退出资优班，回普通班就读。

对于爸妈来说，这是两难的抉择。因为孩子在资优班，可以学习比较符合他智商水平的内容；而回到普通班，老师不一定能考虑到孩子的学习障碍问题。

躲不掉的无情比较

要让孩子了解，人与人之间的比较不能只剩下课业学习（虽然对高中生来说，这是一直被反映出来的相互评比指标）。

如同在一个班级里，30个人排列下来会有1~30名，孩子可能一直垫底。但回到普通班，与其他人相比，则至少能落在水平范围内。

天资优异给孩子带来好成绩，因为孩子凭借天资优异的特质，如高度的专注力、超细腻的理解能力及逻辑思维能力，掩盖可能存在的阅读困难。

当孩子同时具备学习障碍及天资优异这两项特质，学习障碍的问题就很容易被忽略，往往让这类型孩子的学业表现保持在中等水平，周围的老师、同学和父母，因而长期忽略其可能存在的阅读及书写问题。

"我不是爱因斯坦，我只需要一点点天空。"
——贴近孩子的需要

学习障碍孩子的困境

我不是爱因斯坦，我只需要一点点天空。

这是荣浩心里小小的渴望。

"永不放弃"这句话说出来，让我感到好无力。我真的很想放弃。你们一直叫我永不放弃，但我心里根本没那股劲。

"要我在这种情况下'永不放弃'，我实在撑不下去。有时，真的很难呼吸。

"放弃，或许是一种选择。你们一直告诉我不要放弃，只要努力，就有成功的机会。这好难好难，不是我消极，而是在现实中，这对我是天方夜谭。

"不要再告诉我爱因斯坦有学习障碍、达·芬奇有学习障碍，丘吉尔、汤姆·克鲁斯和萧敬腾都有学习障碍，这距离我好远好远。"

荣浩直视着辅导老师，语气里蕴含着看似平淡却又显得沉重的情绪。

"我不可能成为他们，我连千分之一的他们都不可能是。我只想要当普通的高中生，一个稍微快乐一点的高中生。其他的，我不敢期待。越多的期待，只会带来更多失落感及更多伤害。"

细腻又早熟的心思，苦了荣浩，也让原本想以名人成功的例子激励他的辅导老师语塞，自评好像用错了方式，适得其反。

"永不放弃"有个前提，是你们得考虑我可以学习的方式，让我通过这个方式，试着把多年以来遗漏的、流失的能力，一点一滴地补回来。

"永不放弃，只是鸡汤式的呐喊。越这么说，我越想放弃。不要再跟我提那些远在天边、可遇不可求，所谓有学习障碍的名人。我不是名人，我只是一个高中生，只想知道自己究竟是怎么一回事。我是不是一辈子都会这样？"

辅导老师想说些什么，但似乎没有任何适合切入的时间点。此时，荣浩内心的水库像被开启放水阀，滔滔不绝地倾泻而出，让倾听的老师略感招架不住。

"换个方式，绕个路，我依然可以像其他人一样，学习一些事物，纵使只有一丝丝的机会、一丝丝的希望。但是，别再一

直提爱因斯坦，我不是爱因斯坦。越说，只让我越觉得是一种假象，不会因为你们告诉我爱因斯坦也是这样，我就比较好过，绝对不会。"

从荣浩的话中，一时让人难以想象这个高中生怎么会有学习障碍。

"或许你想要告诉我，每个人都可以找到自己的一片天空。可是，爱因斯坦的天空太大。我的天空没有那么高，其实只要一点点，可以遮风避雨；一点点太阳露出来，让我晒一晒，我就很舒服、很满足了。"

我不是爱因斯坦，我只需要一点点天空。
这是荣浩薄如纸般的奢求。

理解、陪伴与协助学习障碍孩子

"名人"的例子太遥远

我们常常为了鼓励孩子，举出一些名人的故事作为例子，想要让他们知道纵使有学习障碍，世界上依然有许多成功的人。原本期待这样的激励方式能让孩子产生一些动力，然而对于部分孩子来说，这些目标对象距离太遥远，反而让人感到不切实际。

或许孩子的愿望很简单，只是想要像一般同学那样，可以自然地学习。

我们要想一想：借由"名人也有学习障碍"这样的刺激，预期孩子达到的成效与作用是什么？

我们提供诸如爱因斯坦等名人的例子，强调的重点，应该在于他们不受限于一般人、世俗传统、社会框架所认定的限制，而去开启自己的亮点，不放弃追求自己梦想的权利。而非强调他们的功成名就。

试着将例子拉回校园里，让孩子知道有哪些师兄师姐、师弟师妹，通过适合各自的学习方式，获得了学习的改善成效。不需要成绩跃至班排、校排前多少名，只要他们能够找到替代的输入、输出学习模式，就是很好的实例。

对孩子来说，这些人物距离自己比较接近且贴切，也实际多了，孩子想要改变的动机也会比较强。

孩子不必成为爱因斯坦，但我们可以试着将爱因斯坦的学习历程萃取出来，让孩子了解，每一个人在学习上都可以有专属于自己的方式，以获得学习的满足，达到符合自己学习的期待与水平。

我们不会是爱因斯坦，却可以成为喜欢目前状况的自己。

从限制之中，窥见自己的无限

多和孩子分享自己的局限性，让孩子了解，每个人在学习过程中，都有自己相对的弱势。

例如无法阅读、书写文字，这些局限性或许在日常生活及学习上造成困难与麻烦，但在局限性以外，也存在着许多机会，有待我们寻找、发现。

每个人都各有能力，并不会只有局限性。或许自己擅长阅读图片，对于颜色、音感、空间、设计有充分的了解。

无论进行任何输入，最终目的依然在于能够顺利地输出。

父母与老师，请成为孩子"善意的股东"

学习障碍孩子需要一些能给予支持的"大股东"，而这些持股最大的股东正是父母与老师。

当大人可以善意地接受学习障碍孩子，班里的同学也会合理地看待，并逐渐懂得与了解每个人的局限性。

坦然接受弱点，诚实面对能力，进而发现可能

建议在教室里，利用课余或早自习的 5 ~ 10 分钟时间，让孩子们写下自己在学习上的弱点。例如：

我老是记不住。

我真的很容易分心。

天哪，我常常写错字。

我常支支吾吾地说不出话来。

一面对空间图形，我就头晕。

写下自己的弱点，不是要让孩子看轻自己，越来越没自信，而是坦然接受自己的弱点，诚实面对自己的能力，再一起找出在这个弱点以外的无限可能。

我们要做的是把这些弱点以外的无限可能，尽情地展现出来，而不是一直在弱点里打转。

这一点非常重要，只要我们大人具备这样的观念，我绝对相信对于阅读障碍、书写障碍、数学障碍孩子，他们学习的压力会减轻许多，过得比较顺利。

对学习障碍孩子来说，最耗能的不外乎大人在他身上加诸过多无谓的压力：不顾他的弱点，无情且无尽地提出无谓的要求，要他像大家一样，按照规定去做，假如没有做到、没有做好，就是继续罚写、罚抄……让孩子一直耗在他最不擅长的事情上，几乎贯穿了孩子的压力支撑线。

但我们必须想想：这么做到底是为了什么？是要激发孩子的学习动力吗？聪明的你应该不至于这么想。

孩子的弱点就是在那里，我们却往他的缺点上猛打、朝他的弱点踹去。你可知道这些孩子的内心要承受多少痛苦，有多少伤需要进行疗愈？

疗愈内心的伤是一件大工程。要恢复孩子对于学习的热情与动力，也是大工程。而这两项工程，原本是可以回避的。

若我们不停下来，好好地重新调整对待学习障碍孩子的方式，将付出惨痛的代价，最后的结果就是"三输"：父母、老师和最辛苦的孩子。

饶过孩子吧！

书的最后，我还是苦口婆心，再次向爸妈及老师们说一声：
"饶过孩子吧！"

阅读这本书，你会发现每篇文章就像回旋镖一样，读着读着，不知不觉又绕回我在整本书中所要强调的一件事情：别再为难孩子了，饶过孩子吧！

长期以来，学习障碍（阅读障碍、书写障碍、数学障碍）孩子总是被忽略他们源自神经心理功能异常所衍生的学习上的困难。

这些孩子在不被了解的情况下，总是背负着沉重的负担，以及高不可及的不合理期待，甚至遭到莫名指责。一开始，孩子会通过各种方式表达自己的委屈、不满与挫折。然而，用尽全力呐喊、挣扎及抗议的结果，却是一次又一次地被全盘否定。

诉求遭到漠视，声音消失了，接着，孩子转为心灰意懒……

孩子的笑容，随着达不到课业要求而渐渐消失，取而代之的是漫长的情绪低落、沮丧、焦虑和忧郁。当然，有些孩子也衍生出对立反抗的状况，以及转为生气、愤怒的强烈情绪。

别再为难孩子了，饶过孩子吧！

倒不是说选择放弃孩子，绝对不是如此。

饶过孩子吧！眼前学习的路如果不好走、不能走，是否我们可以陪伴着他们绕一下路？让孩子有看到希望和出口的机会，看见眼前蔚蓝、开阔、属于自己的一片天空。

身为大人的我们，请让自己多些变通，不要再执着了。学习的输入与输出方式，真的不是非得如何不可。为什么我们不能有更多的弹性，来让孩子表现出他应有的能力？即便读写能力不佳，一定还有其他生存之道。

别再强人所难了，饶过孩子吧！虽然，我不知道通过文字书写的诉求，能够起到多大的作用，但我还是想要大声疾呼：请大家重视学习障碍孩子那无人知晓的内心世界。

这本书中，一篇又一篇的写实故事，处处提醒着我们，学习障碍孩子真的过得很辛苦。当然，我也明白孩子身旁的爸妈何尝不是如此。

你想象得到吗？若我们对孩子脆弱的内心撒手不管，随着孩子从小学一路往初中、高中、大学念去……最后孩子会成为什么模样？

　　想象一下：在大专院校的资源教室里，那被遗忘的角落，一群学习障碍孩子的自尊、自信，似乎早已消沉在其中。更别说那些深受忧郁之苦，或者自我伤害、自我放弃的大孩子们。

　　学习障碍孩子一定有机会融入校园、融入生活、融入社会。他们真的不用过得那么辛苦，只要我们愿意多给这些孩子一些弹性，多看见他们除了阅读、书写、数学上的局限，依然有耀眼的能力与表现，并且在人生舞台上发光、发亮。

　　市面上已出版许多关于学习障碍的专业书籍，内容主要着墨于阅读障碍、书写障碍、数学障碍的理论、评估方式、教学策略及教材教法等。

　　这类型的专业书籍，主要的阅读对象为特殊教育老师与相关专业人员。这些专业书籍绝对有它的必要性及重要性，不过对于一般父母及一线老师来说，相对艰涩些，阅读的门槛较高。

　　长期以来，我持续致力以较浅显易懂而写实的方式，让父母及一线老师在面对各种不同类型孩子的情绪、行为、社交、心理等议题时，能更理解这群异质性孩子的内心世界，而这也有助于父母的亲职管教与老师的班级管理。

　　写下这本书，我的切入点在于期待更多父母及老师能够关注学习障碍孩子的"内心世界"。这有别于市面上相关书籍的论述。

　　无论过去我们如何对待学习障碍孩子——也许受限于对这

群孩子情况的了解，或是缺乏特殊教育观念，或面对教学中的现实、社会上长期以来对于学业的看待方式等——期待读者通过阅读这本书，"听见"其中一篇又一篇故事里的孩子们声嘶力竭的无尽呐喊。或许他或她，正是你身旁似曾相识的孩子。

　　请聆听他们的声音吧！期待我的苦口婆心，能够换来大人们对于这群学习障碍孩子的认识、理解与接纳，同时愿意调整、修正和改变对待孩子的方式。

　　请善待孩子吧！